크리스천을 위한
행복한
인생학교

크리스천을 위한
행복한
인생학교

ⓒ 생명의말씀사 2017

2017년 8월 31일 1판 1쇄 발행
2017년 10월 10일 2쇄 발행

펴낸이 | 김재권
펴낸곳 | 생명의말씀사

등록 | 1962. 1. 10. No.300-1962-1
주소 | 서울시 종로구 경희궁1길 5-9(03176)
전화 | 02)738-6555(본사)・02)3159-7979(영업)
팩스 | 02)739-3824(본사)・080-022-8585(영업)

기획편집 | 서정희, 김세나, 장주연
디자인 | 윤보람
인쇄 | 영진문원
제본 | 정문바인텍

ISBN 978-89-04-16601-5 (04230)
ISBN 978-89-04-70038-7 (세트)

저작권자의 허락없이 이 책의 일부 또는 전체를
무단 복제, 전재, 발췌하면 저작권법에 의해 처벌을 받습니다.

크리스천을 위한
행복한
인생학교

인생 후반전의 관계, 건강, 돈, 영성을 위한 4인4색

차영아·김의수·이철·이호선 지음

생명의말씀사

■ 인사말

크리스천 중년 세대들의 행복한 인생 후반전을 위해

올해 종교개혁 500주년을 맞아 CTS에서 제작한 〈4인 4색〉 프로그램 내용을 책으로 출간하도록 인도해 주신 하나님께 감사를 드립니다. CTS가 지난 22년간 영상 선교의 한길을 달려갈 수 있었던 것도 오직 하나님의 은혜였음을 다시 한 번 고백합니다. CTS가 순수 복음 방송, 섬김과 나눔의 방송, 세계를 교구로 하는 방송으로서 복음의 발걸음을 걸을 때마다 하나님이 동행해 주셨고 영상 선교의 열매를 맺게 해주셨습니다.

〈4인 4색〉은 크리스천 명사들의 강의를 통해 성경적인 가치관을 가르치는 CTS 간판 프로그램 중 하나입니다. 특별히 이 책은 수많은 〈4인 4색〉의 명강의 중에서 백세 시대를 맞아 중년 세대들이 행복한 인생 후반전을 준비할 수 있도록 실제적인 도움을 주는 강의를 엄선해 엮은 것입니다. 관계, 돈, 건강, 영성 등 다양한 분야의 전문가들이 풀어 놓은 하나님의 지혜를 만날 수 있을 것입니다.

　CTS가 지금까지 〈4인 4색〉을 통해 성도님들께 전해 주었던 하나님의 마음과 실제적인 복음의 능력이 이 책을 통해 더 많은 분께 전해지기를 기대합니다. 그래서 삶의 현장에서 예수님의 제자로 거듭난 행복한 그리스도인들이 많이 나타나고, 그분들이 하나님 나라를 더 확장해 나갈 줄 믿습니다.

　CTS의 영상 선교 사역을 위해 늘 기도해 주시고 응원해 주시는 모든 분께 다시 한 번 진심으로 감사드립니다.

- 감경철(CTS 회장)

■ 추천사

**나이 듦에 대한 편견을 깨고
행복한 중년기를 안내해 주는 지침서**

　CTS의 〈4인 4색〉은 이미 많은 성도들에게 도전을 주었던 프로그램입니다. 그 강의 중에서 중년 세대를 위한 핵심 지식들이 책으로 출판되어 더 쉽게 접할 수 있게 되었습니다. 이 책은 우리가 보통 알고 있는 '나이 듦'에 대한 편견을 깨고, 행복한 중년의 시간을 누릴 수 있도록 안내해 주는 실제적인 지침서입니다. 이 책을 통해 우리가 살아가는 모든 영역에서 하나님이 우리를 창조하신 섭리에 따라 가꿔야 할 부분들을 알아 가며 새 출발 할 수 있는 힘을 얻게 될 것입니다.

진재혁_지구촌교회 담임목사

**남은 인생, 제대로 준비하라는
도전을 주는 귀한 책입니다**

　이 책은 '나이 듦'을 통해 우리가 겪는 어려움을 세상의 가치관이 아닌 기독교적인 가치관으로 풀어 나가며 남아 있는 인생을 제대로 준비하라는 도전을 줍니다. 하나님의 말씀을 따라가는 길과 세상에서 빛과 소금으로 살아가는 길이 함께 만나는 접촉점을 제공해 주고 있기에, 독자들은 삶을 살아나갈 때 하나님의 시선으로 세상을 볼 수 있는 힘을 얻을 것입니다. 또 중년들에게 꼭 필요한 기본 정보들과 함께 하나님의 말씀이 자연스럽게 소개되어 믿음이 없는 이들에게도 좋은 선물이 될 것입니다. 이 책을 통해 복음의 증인으로 살아온 CTS의 지경이 더 확장되어 하나님의 나라가 이 땅에 임하기를 기도합니다.

김정석_광림교회 담임목사

더욱 풍성한 중년의 자기계발을 위해서는 하나님과의 동행이 필요합니다

진정한 자기계발에는 하나님과의 동행이 있어야 합니다. CTS의 〈4인 4색〉은 좋은 강의들을 통해 그 길을 안내해 주는 프로그램입니다. 그 핵심적인 내용을 담은 이 책은 중년 세대의 자기계발서로서, 더욱 풍성한 삶을 위해 노력해야 할 부분들을 하나님 나라의 가치관으로 잘 설명해 주고 있습니다. 이 책에서 말하는 행복한 삶의 방법은 세상에서 말하는 것과는 다른 성경적인 방법입니다. 그 방법을 따라서 살 수 있다면 이 땅에서의 천국을 누릴 수 있게 될 것입니다. 말씀을 따르는 삶에는 영원한 생명이 있기에 이 책을 통해 마음을 변화시켜 주는 계기를 만나게 될 것입니다.

김진홍_동두천두레교회 담임목사

■ 목차

인사말 _4
추천사 _6

제1부 행복한 관계를 디자인하는 중년 – 차영아   15

1장 알수록 신비한 중년의 뇌와 행복   21
  1. 끊임없이 자극하면 뇌는 더 건강해진다
  2. 축적된 지식과 경험이 창조적 뇌 기능을 일으킨다
  3. 긍정적으로 생각하는 할머니를 닮은 중년의 뇌
  4. 기억 감퇴의 적, 스트레스를 잡아라

2장 행복한 관계의 주도권, 중년의 언어에 있다   33
  1. 중년기의 성패를 가르는 대화의 기술
  2. 위로의 기술을 익히면 중년이 더 행복하다
  3. 반응하는 언어를 자유자재로 구사하라
  4. 감정을 만져 주는 언어를 사용하라

3장 행복한 중년의 필수 요소, 섬김   51
  1. 섬김은 은혜요, 중년이 행복해지는 길이다
  2. 섬김의 수준을 높이고, 자녀를 훈육하라

4장 행복한 중년의 가정을 이루기 위한 4가지 비결   61
  1. 하루해를 넘기지 말고 화해하라
  2. 서로를 향한 믿음을 절대 고수하라
  3. 서로를 온유와 겸손으로 대하라
  4. 마음을 여는 대화법으로 대화하라

제2부 돈 걱정 없는 인생 후반전 - 김의수   75

1장 **우리가 돈 걱정 없이 살지 못하는 이유**   81
1. 왜 우리는 맞벌이로 살면서도 빚에 허덕여야 하는가?
2. 우리를 초라하게 만드는 것들
3. 돈 때문에 힘들어진 삶, 탈출구는 어디에?

2장 **적은 급여에도 빚지지 않고 살 수 있었던 비결**   95
1. 위기를 극복하고 재정 전문가가 되기까지
2. 걱정 마라, 하나님이 먹여 살리신다
3. 빚지지 않고 사는 훈련

3장 **예산 설계, 한번 따라 해 보면 쉽다**   109
1. 기회비용, 줄줄 새는 돈을 잡아라
2. 가계부 작성보다 통장 쪼개기부터
3. 행복 지수, 돈 그 이상의 것

4장 **투기가 되어서는 안 될 투자 원칙**   121
1. 부동산 매매, 욕심을 버려야 답이 보인다
2. 저축과 투자의 기준, 5년
3. 보험과 연금을 리모델링하라

제3부 　백세 시대, 덜 아프면서 건강하게 오래 살기 - 이철　135

1장　생활 습관: 나의 생활 습관, 이제 점검할 때　141
1. 하루 6회 손 씻기로 생명을 지키자
2. 팔꿈치로 지키는 새로운 기침 에티켓
3. 인생 후반전에 반드시 필요한 예방 접종 두 가지
4. 암 예방의 최선책

2장　식습관: 건강한 음식으로 건강한 몸을 만들자　155
1. 채식 vs 육식: 어느 쪽이 더 건강할까?
2. 피토케미컬로 꾸민 무지개 식탁으로 눈 호강, 몸 건강
3. 짠맛 중독에서 벗어나 싱거운 맛을 즐겨라
4. 당뇨, 이길 수 있다

3장　자세: 모든 통증의 원인인 비대칭 근육을 바로잡자　171
1. 나이 들어 삭신이 쑤시지 않으려면?
2. 체중 감량을 위해 칼로리를 태우는 유산소 운동
3. 산소 공급 없이 근육을 만드는 무산소 운동
4. 유산소 운동 vs 무산소 운동: 어느 쪽이 더 좋은 운동법일까?

4장　마음: 정신까지 건강해야 진짜 건강한 것이다　185
1. 우울·조울증은 질병으로, 진단 및 치료가 절실하다
2. 기억의 3단계로 본 '건망증인가, 치매의 시작인가?'
3. 천국 소망과 감사로 건강한 백세를!

제4부 나이 듦과 영성에 관하여 – 이호선   199

1장 영성이 뒷받침된 인생 후반전의 삶   205
1. 늙는 축복을 사모하는 마음이 있는가?
2. 성공적으로 노화하기 위한 4가지 조건
3. 노년기의 영성은 고정관념을 바꾸는 데서 시작된다

2장 노년기 영성의 힘, 보이지 않는 눈으로 보는 것   219
1. 시므온과 안나, 성경에서 찾은 아름다운 노인의 본보기
2. 노년기의 영성은 인생의 겨울에서 찾은 희망이다
3. 노년기를 더 여유 있게 해주는 유머와 영성
4. 연약해진 눈을 감을 때 하나님의 바람이 느껴진다

3장 더딘 손과 느려진 발로 깨닫는 영성   239
1. 통증, 반드시 나쁜 것만은 아니다
2. 내리막길에서 만나는 하나님의 은혜가 있다
3. 깊은 영성의 시작, 감각의 새로운 발견

4장 노년기 영성, 어떻게 누리며 살 것인가?   251
1. 하나님의 꿈, 무한한 창조성과 가능성을
   열어 가는 노년기의 열쇠
2. 하나님의 바람이 불 때 돛을 달고 누리라
3. 죽음을 넘어선 희망, 부활의 영성

특별 부록   끝나지 않은 사랑의 기적, 장기려   _264

제 1 부

행복한 관계를
디자인하는 중년

— 차영아

■ 프롤로그

중년, 더욱 하나님께 가까이 나아가서 위로와 힘을 얻어야 하는 시기입니다

행복은 나의 소원이기 전에 하나님의 소원입니다. 하나님은 당신의 자녀들이 행복하게 사는 모습을 보기 원하십니다. 만약 여러분에게 "행복하십니까?"라고 묻는다면 "네"라고 대답하실 수도 있지만, "저도 행복하고 싶습니다"라고 말하고 싶으신 분들도 계실 것입니다. 그렇다고 지금 자신의 삶에 불만족을 느끼고 불행하다는 의미는 아닐 것입니다. 행복하지만, 감사하지만, 그래도 더 행복하고 싶은 마음일 것입니다. 특별히 중년의 시기는 자신의 행복을 찾기보다는 가족의 행복을 위해 수고하는 시기인 것 같습니다.

책을 쓰고 있는 저도 중년입니다. 그래서 중년들의 마음을 더 알게 되었습니다. 중년들은 위로가 필요합니다. 쉼이 필요합니다. 그런데 위로와 쉼은 세상이 줄 수 있는 것이 아닙니다. 가끔 지하철을 타 보면 청소년들

못지않게 스마트폰에 집중하고 있는 중년들을 보게 됩니다. 힘들어서, 지쳐서, 아무 생각 없이 쉬고 싶어서 스마트폰을 들고 이곳저곳을 뒤지고 있지는 않나 생각을 해보았습니다.

그리고 우리가 다 아는 사실은, 그 목마름은 채워지지 않고 여전히 공허하다는 것입니다. 프랑스의 사상가이자 수학자인 파스칼은 이렇게 말했습니다.

"인간은 영적인 존재다. 사람의 마음속에는 하나님만이 채우실 수 있는 빈 공간이 있다."

마음의 공허함, 목마름, 그리고 쉼, 평안은 하나님만이 채우실 수 있습니다. 그래서 중년들은 더욱 하나님께 가까이 나아가서 위로받아야 하며 힘을 얻어야 합니다.

"찬송하리로다 그는 우리 주 예수 그리스도의 하나님이시요 자비의 아버지시요 모든 위로의 하나님이시며 우리의 모든 환난 중에서 우리를 위로하사 우리로 하여금 하나님께 받는 위로로써 모든 환난 중에 있는 자들을 능히 위로하게 하시는 이시로다"(고후 1:3-4).

예수님은 이 땅에서 모든 환난을 겪으셨기에 인생의 아픔을 아십니다. 집 없는 서러움, 사랑하는 자들로부터의 배신, 사람들의 오해와 편견, 그리고 십자가 위에서 육신의 고통을 겪으셨기에 우리를 위로해 주실 수 있습니다. 이 책이 지쳐 있지만 그래도 살아야 하는 중년들에게 좋은 정보를 주어 위로가 되며 행복을 선물해 줄 수 있기를 소원합니다.

CTS 〈4인 4색〉 강의를 하면서 행복했습니다. 방송을 시청하는 한 사람, 한 사람의 심령이 회복되어 소원했던 부부의 관계가, 서먹했던 부모와 자녀의 관계가 끈끈해져 중년들이 웃게 될 모습을 생각하니 "아, 살 만하다! 행복하다!"라는 소리가 들리는 것 같아 행복했습니다. 그리고 눈동자처럼 지키시고 보호하시는 자녀들이 서로 행복하게 사는 모습을 지긋이 바라보며 행복해하시는 하나님의 얼굴을 떠올려 보니 행복했습니다.

중년의 행복을 누리며 행복하게 강의할 수 있도록 언제나 한량없는 은혜를 주시고 책으로 출판되어 더 많은 분들께 은혜를 끼칠 수 있도록 허락하신 하나님께 감사드립니다. 이런 장을 마련해 주신 CTS 순수 복음 방송 감경철 회장님, 그리고 방송 가족 모든 분들께 감사합니다. 행복한 목회를 할 수 있도록 언제나 사랑과 기도로 섬겨 주시는 새계명교회 성도님들께 감사드립니다. 그리고 '행복'이라는 단어를 제 가슴속에 심어 주신 사랑하는 부모님께 감사드립니다.

차영아
새계명교회 담임목사

프로필

새계명교회 담임목사
CTS 〈4인 4색〉 "행복을 위한 관계 기술"
CTS 라디오 Joy 〈기도합니다〉 진행
기독 방송 Good TV 이사
기독 방송 CTS, CBS, Good TV, C채널 설교 방송
Good TV 〈차영아 목사의 뇌 이야기〉
전 순천향대학교 교육상담학 강사
전 서울대 협력 병원 디딤정신과 심리상담사
전 영동세브란스 근육병 재단 음악치료사

저서

『하나님 사람의 지혜』 (누가출판사)
『하늘의 지혜로 사는 행복』 (쿰란출판사)

역서

『리듬, 음악 그리고 뇌』 (학지사)

1장
알수록 신비한 중년의 뇌와 행복

 프랑스 출신의 소설가 베르나르 베르베르의 단편 『황혼의 반란』은 고령화 사회의 극단적 갈등이 빚어낸 디스토피아를 그린 책이다. 고령화로 인해 여러 사회 문제들이 발생하자 젊은이들이 노인들을 강제 수용하고, 그 안에서 노인들이 정부에 강경한 대응을 하다 죽음을 맞이한다는 내용이다.

 고령화로 인한 사회 갈등이 격리와 학살이라는 비인간적 조치로 이어지는 내용이 지나친 상상같이 보이기도 하지만, 고령화 시대를 맞이한 우리에게는 생각해 봐야 할 문제다. 유엔 기준에 따르면 총인구 가운데 65세 이상의 고령자가 차지하는 비율이 7% 이상이면 고령화 사회, 14% 이상이면 고령 사회, 20% 이상이면 초고령 사회로 분류되는데, 한국은 지난 2000년 고령화 사회에 진입했으며, 2018년에는 고령 사회로, 그리고 2026년에는 초고령 사회로 진입할 것으로 예상하고 있다.

모든 사람은 빈부귀천과 상관없이 죽음이라는 종착역을 향해서 달려간다. 죽음이라는 현실적인 문제 앞에서는 그 누구도 예외가 될 수 없다. 나이가 들면 들수록 시간의 속도가 더 빨라짐을 느끼게 된다. 즉 20대에는 시속 20km의 속도로 간다면 40대에는 시속 40km, 60대에는 시속 60km, 그리고 80대에는 시속 80km로, 모두에게 동일한 시간이지만 체감 속도는 다르다. 나이가 들수록 시간의 속도처럼 마음도 굉장히 분주하게 여겨지는 것이 사실이다.

인간의 평균 수명이 늘어나고 있기에 중년의 나이, 그리고 노년의 시기를 '몇 세'라고 정확히 구분하기가 어렵다. 편의상 40-65세를 중년, 그리고 그 이후의 시기를 노년이라고 구분할 때 이제 40세가 된 사람은 중년이라는 말에 기분이 안 좋을 것이고, 막 66세가 된 사람에게 "노년입니다"라고 말한다면 그리 달가워하지 않을 것이다. 40세는 30대 못지않게 많은 일을 하고 있으며, 66세도 중년 못지않게 많은 일을 감당할 수 있기 때문이다.

그러나 누가 말하지 않아도 나이가 들면 생물학적인 기능이 소진되어 전과 달리 뇌 기능이 저하되어 가는 듯 느껴진다. 깜빡깜빡 잘 잊어버리고, 자신이 어떤 장소에 무엇을 하러 왔는지 잊어버릴 수도 있다. 예를 들면, 마트에 가서 '내가 왜 마트에 왔지?' 하고 생각하는 식이다. 그리고 새로운 정보에 관한 이해가 좋지 않을 뿐 아니라, 내용도 알고 사람도 아는

데 갑자기 단어와 이름이 떠오르지 않아 "아, 그거 있잖아, 그거!", "왜 그 사람 있잖아!"라고 말할 때도 있다. 이런 잦은 실수로 스스로 위축되어 관계를 맺는 데 두려움을 갖기도 한다.

그렇다면 나이가 들면 들수록 모든 것이 퇴화되는 것일까? 그렇지 않다. 잠언 16장 31절은 "백발은 영화의 면류관이라"라고 말한다. 나이가 들었다는 것, 나이가 들어 간다는 것은 아름다운 일이다. 육신의 기능 저하라는 측면도 있지만 젊은이들이 따라올 수 없는, 그들을 섬기고도 남을 만한 충분한 능력이 있다. 그래서 중년의 뇌의 뇌력(腦力)을 공부하는 것이 중요하다.

1. 끊임없이 자극하면 뇌는 더 건강해진다

먼저 원론적인 이야기부터 해보면, 인간의 뇌 안에는 약 1,000억 개의 신경 세포가 있다. 사람마다 약간의 차이는 있지만 신경 세포는 인간이 태어나면서부터 가지게 되어 있다. 아기는 태어날 때 신경 세포의 약 10%만 연결되어 있어서 자유롭게 걷거나 말을 할 수 없다(학자들 간에 이견이 있다).

이처럼 신생아들은 처음에는 움직일 수 없었다가 시간이 지나면 움직이게 되는데, 이를 뇌과학적으로 신경과 신경이 연결되었다고 표현한다. 신경과 신경은 '자극'(stimulation)이라는 중요한 매체로 연결되는데, 아기는 태어난 후 갖가지 자극을 받는다. 부모와의 신체 접촉을 비롯해 보고

들음으로 자극을 받아 신경이 연결되어 자유롭게 움직이게 되는 것이다.

그런데 어느 정도 나이가 들면 신기하고 자극받을 만한 것을 찾기가 어려워진다. 예를 들어, 유아들은 동화책 한 권을 몇 번이고 읽어 달라고 가져오고, 초등학교 1학년생들은 놀이터가 세상에서 가장 재미있는 장소로 느껴져 하루 종일 놀이터에서 놀려고 한다. 그런데 나이가 들어 중고등학생만 되어도 유명 놀이공원 정도는 데리고 가야 재미있다고 말한다.

그래서 신경과학자들은 약 16세 이후가 되면 하루에 10만 개씩의 신경 세포가 소멸되어 간다고 말한다. 뇌세포는 정직해서 자극을 받지 않고 생각하지 않으면 신경과 신경이 연결되는 폭발이 일어나지 않기 때문에 연결되지 않은 신경 세포는 죽어 간다. 마치 골다공증에 걸린 환자의 뼈에 구멍이 숭숭 뚫린 것처럼, 뇌 속의 신경 세포가 촘촘해서 진한 색깔이어야 하는데 곳곳에 엷은 색깔을 띠고 있다. 그래서 치매 예방을 위한 방법으로 "새로운 일에 도전하라", "시간을 무료하게 보내지 말고 무엇인가 하고 재미있게 살라"라고 말하는 것이다.

그런데 문제는 새로운 일, 도전할 만한 과제들이 매일 내게 주어지는가? 전도서 기자는 "헛되고 헛되며 헛되고 헛되니 모든 것이 헛되도다 해 아래에서 수고하는 모든 수고가 사람에게 무엇이 유익한가"(전 1:2-3)라고 말했다. 맞는 말이다. 그러면서 그가 내린 결론이 무엇인가? 한 인생을 살아 보니 새로울 것이 없고, 내세울 것도 없으며, 남는 것은 돈도 아니고, 명예도 아니며, 여호와를 경외하며 말씀대로 사는 것뿐이라면서 전도서 12장 13-14절 말씀으로 마쳤다.

"일의 결국을 다 들었으니 하나님을 경외하고 그의 명령들을 지킬지어다 이것이 모든 사람의 본분이니라 하나님은 모든 행위와 모든 은밀한 일을 선악 간에 심판하시리라."

말씀 안에는 신비가 있다. 하나님을 경외하며 살아갈 때 세상은 날마다 새로워진다. 하나님을 경외하는 마음으로 예배를 드리고, 찬양을 하고, 말씀을 읽기 시작하면 분명 어제 읽었던 말씀, 이전에 들었던 말씀이 오늘 나에게 감격으로 다가온다. 신기한 일이다. 10년 전에 불렀던 "좋으신 하나님"이라는 찬양이 오늘 감사의 눈물을 흘리게 하는 찬양이 된다.

하나님을 경외하는 마음으로 가정생활과 직장생활을 하면 매일매일 반복적인 삶 가운데서도 섬기고 싶은 영역이 보이며, 도전하고 싶은 마음이 생겨난다. 시편 기자는 "우리의 연수가 칠십이요 강건하면 팔십"(시 90:10)이라고 했는데, 시간이 얼마 남지 않았다는 생각에 세월을 아끼고자 하는 마음, 한 인생 하나님의 영광을 위해 홈런 한 번 치고자 하는 마음이 솟구친다. 그렇게 살 때 뇌에 폭발이 일어나 육신은 쇠해 가지만 뇌는 건강해진다.

2. 축적된 지식과 경험이 창조적 뇌 기능을 일으킨다

인간의 겉은 후패하고 신경 기능과 운동 기능은 약해지지만, 나이가 들면 들수록 오히려 강해지는 부분도 있다. 앞서 언급했듯이 신경과 신경을 연결하는 데 있어서는 자극이 필요한데, 자극을 빠르게 전달할 수 있도록 돕는 '미엘린'(myelin, 수초)이라고 불리는 신경의 백색 지방질 피막이 있다. 자극을 빠르게 처리하는 그 피막은 계속 자라나기 때문에 중년이 될수록 어떤 부분에 있어서는 젊은 사람들보다 이해력이 뛰어날 수 있다. 다시 말해, 나이가 들었다는 것은 많은 경험과 지식이 있다는 뜻이기에, 중년은 자신이 가지고 있는 지식과 경험으로 새로운 정보를 해석, 창조할 수 있는 힘이 있다.

중년의 뇌력은 탁월하지만 중년의 뇌가 빛을 발하지 못하는 경우도 있다. 중년에게 있어서 조심해야 하는 약점이 있는데, 바로 고집과 자존심이다. '내 나이가 몇인데', '내가 이만큼의 지위가 있고 경험이 있는데' 하면서 새로운 정보나 상황을 받아들이지 않고 고집을 피우면 탁월한 해석과 창조의 능력이 나타나지 않는다. 수용성을 높여야만 가지고 있는 여러 지식과 경험이 어우러져서 탁월한 결과가 도출될 수 있다.

이처럼 중년의 뇌는 많은 정보와 경험으로 젊은이들의 뇌보다 탁월하지만, 오히려 그 정보와 경험이 일을 수행하는 데 있어서 방해가 될 수도 있다는 사실을 유념해야 한다.

나이가 들면 들수록 걱정이 많아진다. 그래서 천진난만하게 놀고 있는 어린이를 보면 '나도 저렇게 아무 생각 없이 쉬었으면 좋겠다' 하는 생각을 하게 된다. 일을 하고 있어도 이 걱정, 저 걱정이 많아서 뇌 부하 상태가 되는 경우가 종종 있다. 결혼한 자녀의 목소리가 조금만 좋지 않아도, 직장생활을 하고 있는 자녀가 조금만 피곤해 보여도 '무슨 일 있는 것 아니야?' 하면서 쉽게 집중하지 못한다. 그래서 휴대 전화를 어디에 두었는지, 지금 무엇을 사러 마트에 왔는지 순간순간 깜박하곤 한다.

지그시 누르고 있는 스트레스는 우리의 단기 기억을 좀먹을 수 있다. 그래서 중년이 되고 노년이 될수록 마태복음 11장 28절을 기억해야 한다.

"수고하고 무거운 짐 진 자들아 다 내게로 오라 내가 너희를 쉬게 하리라."

지식과 경험, 걱정이 많기에 주님께 맡기지 않으면 뇌는 지쳐서 제대로 기능을 할 수 없게 될 것이다.

3. 긍정적으로 생각하는 할머니를 닮은 중년의 뇌

인간의 뇌는 긍정적인 것보다 부정적인 것에 더 강하게 반응하게 되어 있다. 그런데 나이가 들면 뇌세포가 감소할 뿐 아니라 감정을 관할하는 편도도 함께 닳기 때문에 감정적으로 급작스러운 반응을 보이지 않게 된다.

예를 들어, 오랜만에 친구들과 모임을 가졌다고 하자. 이런저런 이야기를 하고 난 후 옆에 앉은 친구가 지나가는 말로 "그런데 너 요즘 편한가 보다. 몸이 좀 불었어"라고 말하면 어떻게 될까? 쉽게 잊히지 않아 집에 와서 고민하고, 속으로 '네가 더 몸이 불었거든' 하며 이 말 저 말을 되뇌게 된다. 그러나 중년의 뇌는 이런저런 말에 큰 반응을 보이지 않는다. 자신의 외모보다는 자녀 걱정, 노후 걱정, 삶의 무게 때문일 수도 있고, 그다지 크게 반응할 이유를 찾지 못해서일 수도 있다. 그래서 나이가 들면 여유롭고 온유해지는 것이다. 부정적인 것에 반응하지 않으려는 자연스러움이 생겨난다.

긍정적으로 생각하려는 중년의 뇌를 뒷받침해 주는 주장 중에 '할머니 가설'(grandmother hypothesis)이 있다. 이는 인간과 영장류들이 할머니들과 같이 사는 집단의 경우 더 오래 산다는 가정이다. 뇌 안의 편도에 부정적인 반응이 강하게 일어나면 지나치게 성급히 되받아치거나 화를 낼 수도 있는데, 그것이 별 도움이 되지 않을 것을 알게 되면 할머니 편도가 되어 평온하게 만든다는 이론이다.

할머니들을 보면 매사에 여유롭게 많이 웃으신다. 나이가 들면 우리의 뇌는 자신의 것을 주장하기보다는 상대에게 맞추고 둥글게 살고자 한다. 하나님이 주신 중년을 위한 선물이 아닐까 생각한다.

4. 기억 감퇴의 적, 스트레스를 잡아라

중년은 스트레스가 많은 시기다. 조사에 의하면 자녀의 결혼과 그에 따른 재정적인 고민, '퇴출되지 않을까?' 하는 걱정, 그리고 예전 같지 않은 몸 상태, '혹 큰 질병이 있지 않을까?' 하는 걱정에 종합검진을 받는 것조차 두려울 때가 중년의 시기다. 스트레스에서 자유로울 수 없다.

그런데 스트레스가 많으면 기억력이 감퇴된다. 기억을 담당하는 곳이

해마다. 기억을 방해하는 스트레스 호르몬인 코티졸 호르몬은 과도한 스트레스를 받으면 방출되어 기억력을 감퇴시킨다.

'스트레스'라는 단어를 물리학적인 관점에서 보면 이렇게 설명할 수 있다. 용수철을 길게 늘이면 어떻게 될까? 본인은 물론 보는 사람도 약간 긴장이 된다. 스트레스라는 긴장은 우리를 이처럼 활동적으로 만들 수 있다. 그런데 용수철을 너무 잡아당겨 비틀어졌거나 다시 원위치로 가지 못할 정도로 늘어난 경우 용수철은 못 쓰게 된다. 적당한 스트레스는 좋지만, 뒤틀어질 정도로 스트레스가 강하거나 지속적으로 받게 되면 기억을 감퇴시키는 코티졸 호르몬이 나와 버린다. 그래서 너무 많은 억압을 받거나 긴장의 연속인 삶을 살면 기억력에 문제가 생긴다.

때로 상대방이 가볍게 던진 말들이 스트레스로 다가올 수 있다. 중년에게는 항상 경제적 문제, 자녀의 문제, 건강의 문제, 노후의 문제가 있기에 "세 자녀 결혼시키려면 힘들겠네" 등 걱정해 주는 말이 가슴의 통증으로 느껴질 수도 있다. 그리고 스스로 만들어 낸 스트레스로 기억력 감퇴가 올 수도 있다.

현실에 눈을 감고 살지 않는 한 스트레스는 받기 마련이지만, 그 안에서 우리의 뇌를 보호해야 한다. 뇌를 보호하고 매일매일 쏟아지는 스트레스로부터 자유로워질 수 있는 길은 주님께 나아가 기도로, 찬양으로, 말씀의 위로로 스트레스를 날려 보내는 길밖에 없다. 그리고 나의 언어가 누군가에게 스트레스를 주지 않도록 조심해야 한다.

어떤 경우 누군가 나에게 집중해 쳐다보고 있는 것만으로도 스트레스를 받을 수 있다. 예를 들어, 맛있는 음식을 차려 주고는 맛있게 먹나 안 먹나 은근히 쳐다보고 있다면 먹고 있는 사람은 너무 부담스럽고 긴장된다. 그리고 음식을 제대로 입에 넣지도 않았는데 "맛있어요?"라고 계속 질문하면 그것도 스트레스가 된다. 마찬가지로 과도한 관심과 질문, 그리고 은근한 기대는 상대방에게 스트레스로 작용할 수 있다.

예수님은 우리에게 스트레스를 주지 않으신다. 예수님은 대가를 바라지 않고 우리를 무조건적으로 사랑하시고 바라만 보신다. 아무 말 없이 그냥 옆에 있어 주신다. 그리고 이렇게 말씀하시며 위로해 주신다. "내가 너와 함께한단다. 너는 나의 자녀란다. 너는 내 것이란다."

상대방이 충분히 문제를 알고 있다면 그 문제를 각인시키기 위해 반복적으로 말하기보다는 믿고 기다려 주는 여유가 서로에게 필요하다. 중년이 된 부부는 서로에게 많은 말을 하기보다 치아 8개를 보이면서 아무런 대가 없이 "좋아. 당신이 그냥 좋아" 하며 웃어 준다면 따뜻한 행복을 느끼게 될 것이다.

"너희의 하나님이 이르시되 너희는 위로하라 내 백성을 위로하라"(사 40:1).

하나님은 우리에게 동일하게 명령하신다. "너는 너의 자녀들을 위로하라. 너의 지쳐 있는 남편을 위로하라. 그리고 손이 닳도록 수고하는 아내를 위로하라. 그리고 조금은 예민하게 다가오는 시어머님과 시아버님을 위로하라." 이 명령에 순종하며 나아갈 때 행복한 중년을 보내게 될 것이다.

행복한 관계를 디자인하는 중년을 위한 Tip 1

1. 뇌는 자극을 받을 때 더욱 활성화되므로 다양한 체험을 하라.
2. 중년의 최고 장점인 지식과 경험을 활용해 창조적으로 결합하라.
3. 인자한 할머니처럼 평온한 가운데 긍정적인 사고방식을 추구하라.
4. 스트레스를 잡아야 기억력 감퇴를 막을 수 있다. 모든 염려를 하나님께 맡겨 뇌가 제 기능을 하게 하라.
5. 우리를 위로하시는 하나님은 우리가 사람들을 위로하기 원하신다.

2장
행복한 관계의 주도권, 중년의 언어에 있다

1. 중년기의 성패를 가르는 대화의 기술

행복한 관계를 위해 중요하게 생각하는 것 중에 하나는 언어다. 언어는 참 중요하다. 언어를 어떻게 사용하느냐에 따라서 서로의 관계가 좋아질 수도 있고, 어려워질 수도 있다. 그래서 우리는 오늘도 "주여, 제 혀를 주장하사 제 생각대로, 감정대로 전하지 않게 하시고 하나님을 사랑하고 이웃을 사랑하는 아름다운 마음으로 말하게 하소서"라고 기도해야 한다.

"주 여호와께서 학자들의 혀를 내게 주사 나로 곤고한 자를 말로 어떻게 도와줄 줄을 알게 하시고 아침마다 깨우치시되 나의 귀를 깨우치사 학자들같이 알아듣게 하시도다"(사 50:4).

중년에게 바람이 있다면 온유한 언어를 사용해 삶의 여유로움을 보여 주는 인생일 것이다. 그런데 사실 중년의 주위에는 온유한 말을 사용하기에는 화를 불러일으키는 사람들이 많이 있다. 아름답고 성숙한 말을 하고 싶지만 게으르고 책임감 없이 살아가는 자녀들을 보면 걱정이 되어 볼멘소리를 하게 된다.

이 장에서는 중년의 행복을 위해 조금은 미숙한 사람들(자녀, 후배, 직장 동료 등)과 행복한 관계를 맺는 데 사용할 수 있는 대화의 기술을 배워 보고자 한다.

행복한 관계를 맺기 위해 전제하고 싶은 말이 있다. 존 앤들리지의 말을 빌려서 사용하면, 인간은 어떤 상황에서도 듣고 싶어 하는 말이 있다. "나는 너를 포기하지 않는다"이다. 그리고 남자들이 두려워하는 언어는 "너는 실패할 것이다"이며, 여자들이 두려워하는 언어는 "너는 버림받을 것이다"이다. 그렇기에 우리는 상대방에게 낙담이 되는 말을 해서는 안 되며 예수님이 우리를 기대하시는 것처럼 우리의 대화 속에서 서로를 향해 기대하는 언어를 사용해야만 한다.

2. 위로의 기술을 익히면 중년이 더 행복하다

아이가 갓 태어났을 때 부모는 자녀가 배변만 잘해도 "어우 예쁘다. 잘했다!", 조금만 웃어도 "잘했다, 잘했어!" 하고 칭찬한다. 그런데 초등학교 1학년만 되면 뭐가 그렇게 마음에 안 드는지 칭찬이 줄어들기 시작한다. 그리고 중고등학교에 올라갈수록 칭찬이 점점 메말라 간다. 아이를 칭찬해 주라고 하면, "아니, 애가 저렇게 컸는데 이것도 못하고 저것도 못하는데 어떻게 칭찬이 나옵니까?"라고 답한다.

그런데 인간은 어른이 되고 내일모레 환갑이 되어도 칭찬을 받고 싶어 한다. 물론 칭찬받을 만한 행동을 했기 때문이라고는 말할 수 없을 것이다. 결혼에 실패하고, 사업이 망하고, 인간관계에 어려움을 겪더라도 우리가 원하는 것은 위로이고 칭찬이다. 우리 모두는 위로를 원한다. 우리 모두가 원하는 위로를 해주고, 또 위로를 받기 위해서는 위로의 기술이 필요하다. 우리가 누군가를 위로할 때 상대방이 오래도록 기억해 준다면 정말 좋을 것이다.

인간의 뇌는 크게 대뇌와 본능의 뇌인 뇌간, 그리고 소뇌로 나눌 수 있다. 대뇌는 4가지 엽으로 구성되어 있는데, 전두엽, 측두엽, 두정엽, 후두엽이다. 이 4가지 엽이 서로 연동해 우리의 몸을 움직이게도 하고 말하게도 한다.

대뇌는 사령탑과 같이 모든 행동을 통제한다. 대뇌에서 "오른손을 올려라"라고 명령을 하면 오른손을 올리는 것이다. 때로 뇌졸중 등 뇌 손상을 입으면 편마비가 오기도 하고 말을 잘 하지 못하는 장애가 생긴다. 이는 근육의 이상 때문이 아니라 뇌의 명령 체계가 깨져 버린 데 원인이 있다.

본능의 뇌인 뇌간은 대뇌의 명령 없이 자동적으로 움직이게 하는 기능을 한다. 대표적인 예로, 우리가 생각하지 않아도 숨을 쉬고, 눈을 깜빡거리고, 침이 고이는 등 자율 기능을 담당한다.

또한 감정과 기억을 담당하는 편도체와 해마가 있다. 편도체는 기쁨,

슬픔, 외로움 등 정서를 담당한다. 그리고 해마는 기억을 관장하는데, 편도체와 붙어 있기에 감정이 실린 정보를 더 잘 기억한다. 예를 들어, 역사 공부를 할 때 왕들의 이름은 밑줄을 긋고 동그라미를 치면서 외워도 쉽게 기억나지 않는데, 연예인들의 이름과 사생활은 쉽게 떠오른다. 또한 누가 누구를 만나서, 언제 결혼했으며, 어디에 사는지 등은 잘 기억한다. 좋아하는 감정이 들어가 있으면 기억을 참 잘한다.

인간의 기억력은 대단하다. 드라마를 볼 때 한 회밖에 보지 않았음에도 불구하고 복잡한 구성을 다 외워 버린다. 그뿐 아니라 배우들의 헤어스타일과 옷차림새와 말투까지도 잊히지 않는다. 그런데 책을 읽을 때는 어떠한가? 한 장을 읽고 뒷장을 넘기면 '무슨 내용이었더라?' 한다. 더 황당한 것은 책을 끝까지 다 읽었는데 이해가 안 될 때다. 그래서 감정을 실어야 한다.

학생들이 공부를 못하는 이유가 무엇일까? 문제집이 없어서가 아니다. 문제집은 너무 많다. 외우려고 동그라미를 치고 밑줄을 그으면서 공부해도 좀처럼 기억이 나지 않는다. 방금 읽은 내용도 생소하다. 오랫동안 책상에 앉아 있다고 해서 공부를 잘하는 것이 아니다. 공부를 잘하려면 감정을 실어야 한다. 지적 욕구가 있어야 하며, 힘들지만 즐거움이 있어야 한다. 감정이 섞이면 무슨 공부를 해도 기억에 오래 남는다. 그래서인지 과거 수학 교재는 '정석', 영어 문법 교재는 '성문'이라는 딱딱한 제목이 전부였다면, 요즘은 제목만 봐도 쉽게 수학과 영어 공부를 할 수 있을 것 같은 기대감을 주는 제목으로 바뀌었다.

이처럼 사랑하는 사람에게 좋은 기억을 심어 주려면 감정이 섞여야 한다. 감정이 중요하지, 세련된 것은 그리 중요하지 않다. 전화번호를 안내해 주는 114에 전화를 하면 상담원이 "사랑합니다. 고객님, 무엇을 도와드릴까요?"라고 멘트를 한다. 매우 세련되지 않았는가? 그러나 우리 기억에는 전혀 남지 않는다. 그런데 감정을 실어서 위로해 주면 즉시 기억하게 된다.

"당신이 있어서 행복해요. 저는 당신의 얼굴만 봐도 힘이 나요", "좋아, 잘했어", "네가 있어서 든든해!" 이런 말들은 세련된 표현은 아니지만 상대에게 위로를 준다.

이처럼 위로해 주는 말들은 기억에 저장되어 외롭고 무거운 짐을 지고 가는 중년들에게 사막의 오아시스와 같은 쉼을 제공해 준다. 성경도 우리를 따뜻하게 위로해 준다.

"너의 하나님 여호와가 너의 가운데에 계시니 그는 구원을 베푸실 전능자이시라 그가 너로 말미암아 기쁨을 이기지 못하시며 너를 잠잠히 사랑하시며 너로 말미암아 즐거이 부르며 기뻐하시리라"(습 3:17).

3. 반응하는 언어를 자유자재로 구사하라

우리는 공동체 안에서 서로에게 반응만 잘해도 좋은 관계를 맺을 수 있다. 쉬운 예를 들어 보겠다. 자녀가 수업을 마치고 지친 몸으로 집에 왔다. 현관문 비밀번호를 누르는 소리가 나고 자녀가 "엄마, 다녀왔습니다!"라고 말했다. 그러자 안방에서 엄마가 "왔어? 씻고 밥 먹어라" 했다. 그 찰나에 택배 기사가 "택배입니다" 하며 초인종을 눌렀다. 그때 엄마가 "어머머, 내가 주문한 것 왔네!" 하면서 안방에서 뛰어나와 현관문을 열었다. 게다가 흥분된 목소리로 택배 상자 안을 들여다보기 시작했다. 우유 한 잔을 마시고 있었던 자녀는 혼잣말로 이렇게 말할 수 있다. "내가 택배보다도 못한 존재인가?"

사실 택배 상자와 자녀는 비교가 안 된다. 그런데 이처럼 우리의 언어와 행동이 상대방이 존재감을 느끼게 하는 데 방해가 될 수 있다.

또 하나의 예를 들어 보겠다. 자녀의 방에 쪼르르 강아지가 들어왔다. 자녀는 강아지를 보더니 어르고 달래고 좋아했다. 그런데 부모가 집에 들어왔는데 자녀에게서 아무런 반응이 없었다. 쳐다보지도 않았다. 강아지와 부모를 어떻게 비교하겠는가? 결코 비교 대상이 될 수 없다. 하지만 부모의 소중함을 알면서도 이러한 상황이 반복되다 보면 부모에게는 섭섭한 생각이 든다. '내가 이 가정에 필요한가? 나에게 관심이 없네. 집에 들어와도 아무도 반응하지 않네?' 그러면서 가정에서 이탈하기도 한다.

그런데 이탈을 하고 보니까 반겨 주는 곳이 너무 많다. 음식점, 술집에서 "어서 오십시오! 최상으로 모셔 드리겠습니다" 하며 대환영해 준다. 음식을 주문할 때도 눈을 마주치며 "무엇을 도와 드릴까요?", "어디 불편하신 데는 없나요?", "필요하신 것이 있으면 버튼을 살짝 눌러 주세요. 누르지 못하신다면 손을 한 번 들어 주세요. 그러면 제가 눈썹이 휘날리도록 쫓아오도록 하겠습니다" 하고 고객을 가족처럼 여기는 마음으로 섬긴다. 하지만 '가족처럼'이지 가족은 아니기에 존귀하게 여기지는 않는다.

우리는 가족을 사랑하고 없으면 안 될 만큼 소중히 생각한다. 그러나 우리의 행동과 언어가 상대방이 얼마나 중요하고 존귀한 존재인지를 느끼게 해주는지 점검해 볼 필요가 있다.

마찬가지로 우리는 우리를 구원하신 주님께 감사를 표현해야 한다. 예수님은 10명의 나병 환자들을 고쳐 주셨다. 그러나 오직 한 사람만 다시 돌아와서 예수님께 감사를 표현했다. 그때 예수님은 "아홉은 어디 있느냐?"라고 그에게 물으셨다. 분명 나머지 9명도 자신의 병을 고쳐 주신 예수님께 감사하는 마음이 있었을 것이다. 그런데 마음만 있었을 뿐 감사를 고백하지는 않았다. 우리는 감사를 고백하기 위해 돌아온 한 사람에게 예수님이 축복해 주신 말씀을 알고 있다. 감사는 축복의 문을 여는 열쇠다.

"그에게 이르시되 일어나 가라 네 믿음이 너를 구원하였느니라 하시더라"
(눅 17:19).

그리스도인은 나를 위한 주님의 십자가 사랑이 얼마나 크고 놀라운지 잘 알고 있다. 나를 구원해 주시기 위해 나를 대신해 대속의 제물이 되시어 십자가에서 죽으셨으며, 친히 흘리신 피로 내 죄가 씻겼음을 안다. 서양 속담 중에 "가장 어려운 수학 문제는 감사를 세는 것이다"라는 말이 있다. 우리는 감사를 세어야 한다. 십자가 사랑으로 구원받은 것과 은혜로 사는 삶에 대해 하나님께 감사를 표현해야 한다. 감사를 표현할 때 사랑이 더 깊어지고, 그 사랑에 보답하고 싶어진다.

말씀을 통해 은혜를 받았다는 말은 알고 있었던 십자가의 사랑을 더 깊고 넓게 깨닫게 되었다는 의미일 것이다. 평소 지나쳤던 말씀이 오늘 살아 있는 말씀으로 들릴 때 우리는 울며 회개하고 결단하게 된다. "예배하는 삶을 살겠습니다. 찬양하며 감사하며 살겠습니다." 그리고 삶 속에서 하나님을 우선순위로 삼는 삶을 살게 된다. 우리가 말씀대로 살 때 말씀을 통해 받은 은혜가 삶 전체를 사로잡는다. 이탈리아의 시인 단테는 이렇게 말했다.

"사람의 마음속에 있는 사랑의 불이 만일 눈과 손으로 살아 있게 하지 않는다면 그 수명이 얼마나 짧은지 우리는 알고 있다."

받은 사랑을 표현하고 실천할 때 받은 은혜가 지속된다. 마찬가지로 누군가의 마음에 사랑의 불을 지속하고 싶다면 그윽한 눈으로 바라보고 행동으로 보여 주어야 한다. 바라보지 않고 표현하지 않으면 의심하게 된다. 부모가 자녀에게 사랑한다고 표현하지 않으면 자녀는 의심하게 된다. 자녀가 '아버지와 어머니가 나에게 관심이나 있나?'라는 생각에 한번 사로잡히면 그 부정적인 생각의 올무에서 빠져나오기란 여간 어려운 일이 아니다.

왜 나이 든 남자가 젊은 여자를 좋아할까? 다 그렇다고는 할 수 없지만, 이성이든 동성이든 남자는 젊은 사람을 좋아하는 경향이 있다. 여러 이유가 있겠지만, 그중에 핵심은 반응이 아닐까 한다. 남자가 맛있는 음식을 대접하면 젊은 여자는 "우와! 저 이런 음식 처음 먹어 봐요!" 하며 감격한다. 그 순간 더 사 주고 싶은 마음이 든다. 이번에는 바닷가에 데리고 간다. 그러면 그녀는 "우와! 저 이런 곳에 처음 와 봐요!" 하며 즐거워한다.

그런데 좀 나이 든 여자를 데리고 간다고 하자. 여기서 나이가 들었다는 표현이 단지 나이만이 아니라 자립 능력이 어느 정도 있음을 의미한다고 할 때, 아마도 그녀는 많은 일을 경험했을 것이다. 그래서 남자가 음식점에 데리고 가도 먹어 본 음식이기에 시큰둥하다. 그러고는 이렇게 말한다. "내가 아는 다른 맛 집이 있는데." 이번에는 바닷가에 데리고 간다. 그때 그녀는 이렇게 말한다. "저번에 왔을 때도 물이 안 좋더니 오늘도 그렇네. 오늘 오면 여섯 번째다." 그래서 산에 데리고 간다. 그녀는 또 이렇게 말한다. "내가 정말 좋은 산을 알고 있거든. 다음에는 내가 결정할게." 그러면 남자가 이렇게 말할 것이다. "혼자 다니세요."

"우와! 맛있다! 이런 곳이 다 있었어?"라는 반응을 보이면 사람의 마음은 더 맛있는 것을 사 주고 싶고, 더 좋은 곳으로 데리고 가고 싶어 한다. 우리가 반응해 주면 상대가 빠르게 움직인다.

그러므로 가족 가운데 게으른 사람이 있으면 비난하기보다는 반응하는 언어를 많이 해주기를 바란다. 어떤 언어가 "좋다", "나쁘다"를 말하기 전에 상대의 행동과 말의 변화에 민감하게 반응해 주라는 것이다. 마치 세상에 상대만 있는 것처럼 바라봐 주고 그의 이야기가 최고로 가치 있는 양 귀를 쫑긋 세워 들어 준다면 분명 그는 무기력함에서 일어나게 될 것이다. 예수님이 나에게 집중하고 계시는 것처럼 상대의 작은 행동과 언어에 무시하지 않고 반응할 때 하나님이 기뻐하신다.

4. 감정을 만져 주는 언어를 사용하라

이처럼 대화할 때 반응은 아주 중요하다. 인간의 움직임은 대뇌의 명령에 따르게 되어 있다. 특별히 대뇌는 4가지 영역, 즉 전두엽, 측두엽, 두정엽, 후두엽으로 구분되어 각기 하는 일이 다르다. 그중에 전두엽은 생각하고, 사고하고, 판단하고, 계획하는 곳이다.

전두엽의 활동은 성인들과 청소년들에게 있어 약간의 차이를 보인다. 성인들은 전두엽에 의해서 신중하게 판단해 결정을 내린다. 그런데 청소년들은 문제가 일어나면 전두엽과 대뇌로 올라가기도 전에 본능에 의해서 먼저 결정을 내린다. 다시 말해, 감정에 의해 결정한다. 그래서 순간적으로 감정이 날뛰면 잘 조절되지 않는다. 간혹 다 큰 어른이 애 같다고 말할 때가 있는데, 이성적으로 판단하지 못하고 즉흥적이고 감정적으로 일처리를 한다는 뜻일 것이다.

청소년들은 전두엽에서 모든 상황을 분석하며 '내가 이런 행동과 말을 했을 때 나에게 오는 손해가 무엇인가?'를 생각하는 것이 아니라, 앞뒤 가리지 않고 분위기를 따르다가 실수할 때가 있다. 예를 들어, 직장에서 자존심이 상하는 대우를 받았다고 하자. 성인들은 직장을 그만두고 싶은 감정도 있고 격하게 반응하고 싶기도 하지만 감정대로 행동하지 않는다. 만약 소리를 치고 그만둘 경우 월급 및 가정 등 여러 생각이 떠오르면서 합리적으로 대처한다.

그러나 동일한 상황에서 청소년들은 감정적으로 일을 처리하곤 한다. 이때 만약 주위에서 "너는 지금 억울한 일을 당한 거야" 하고 부추기면 실수를 저지를 수도 있다. 대뇌로 올라가기 전에 감정에서 결정하고 행동하기 때문이다. 그래서 부모는 자녀가 감정적인 본능의 뇌를 잘 다스릴 수 있도록 교육시켜야 한다.

큰아이가 엄마에게 씩씩거리면서 와서는 불평을 쏟아놓았다. "엄마, 동생이 개념이 없어. 혼내 줘야 돼!" 이때 만약 설거지를 하고 있던 엄마가 아이를 바라보면서 "너나 잘해"라고 말한다면 어떻게 될까? 아이는 갑자기 씩씩거리면서 화를 내고는 동생을 때리기 시작할 것이다. 그러고는 "나는 이 가정에 필요 없는 존재야. 그래, 그럼 나가야지"라고 말할 것이다. 그러면 설거지를 하던 엄마는 황당해질 것이다.

여기서 엄마가 "너나 잘해"라고 말한 것은 15년 동안 아이가 했던 행동들을 전두엽에서 통계, 분석해 출력해 놓은 것이다. "너는 어제도 잘못했고, 성적도 떨어졌고, 학원도 안 가고 말썽만 부렸어. 네 방은 지저분해!" 모든 것을 이성적인 뇌에 의해 사고하고 판단해 결정을 내린 것이다. 정확하고 합리적인 분석이다. 그런데 지금 자녀는 동생의 행동 때문에 감정이 격해진 상황이다. 이때는 자녀의 감정을 매만져 줄 수 있어야 한다.

청소년들은 열 번 거짓말을 했어도 한 번 거짓말을 안 했으면 자신은 정직하며 억울하다고 말한다. 그러나 부모는 어떻게 할까? 거짓말을 한 번 하지 않은 데 집중하기보다 아홉 번이나 거짓말을 했음에도 불구하고 거짓말하지 않았다고 우기는 자녀더러 이상한 아이라면서 면박을 준다. "너는 이렇게 저렇게 잘못했잖아!" 그러면 자녀는 부르르 떨면서 "엄마는 내 말을 안 믿어 줘. 엄마는 무조건 나를 싫어해!"라고 소리친다. 자신은 지금 거짓말을 안 했기 때문에 부모의 말에 부당함을 느끼는 것이다.

그러면서 자녀는 억울한 생각에 마음의 문을 닫아 버릴 수도 있다. 물론 부모가 자녀에게 교육하고 싶은 내용은 "다시는 거짓말하지 말라"라는 것이다. 그런데 교육도 하기 전에 자녀가 부모를 오해하게 되면 어떤 교육도 할 수 없다.

지혜로운 중년은 감정이 펄펄 날뛰는 자녀에게 "그래, 맞아. 너는 이 부분에 있어서는 진실했어. 엄마가 몰라 줘서 미안하다"라고 진정성 있게 인정하고, 사과하고 난 후 교육한다. 그래야 자녀가 마음의 문을 열고 부모의 조언을 받아들인다. 날뛰는 감정이 사라질 때까지 풀어 주어야 한다. 마치 하늘에서 내려온 천사처럼, 세상에서 거짓말을 한 번도 안 해본 아이를 바라보듯 한 번 거짓말을 하지 않은 자녀를 인정해 주면서 진정성 있게 대해야 한다. "그래, 참 잘했어. 네가 이 부분을 진실하게 말해 주니까 엄마는 정말 좋아. 엄마는 네 이런 모습이 참 좋아." 이렇게 아이의 감정을 충분히 만져 주고 난 후에 나머지 잘못된 것들에 대해 말해야 한다.

마찬가지로 동생이 개념이 없다고 말할 때 "그래? 그럼 네가 형이니까 동생을 잘 권면해 주렴"이라고 말하는 순간, 아이는 착해진다. 그러나 "너나 잘해"라고 말하는 순간 아이는 밖으로 뛰쳐나갈 수도 있다. 부모의 언어에 따라서 자녀가 집 밖으로 뛰쳐나갈 수도 있고, 착한 아이로 바뀔 수도 있다. 잠언 25장 11절에는 귀중한 말씀이 기록되어 있다.

"경우에 합당한 말은 아로새긴 은 쟁반에 금 사과니라."

상황에 적합한 말은 은 쟁반에 금 사과라는 말이다. 적합하게 "그래, 동생을 보호해 주려고 하는구나. 동생을 옳은 말로 도와주고 싶구나" 등 경우에 합당한 말을 할 때 아이는 엄마의 말을 듣고 변화되기 시작한다. 또한 잠언 15장 1절은 이렇게 말한다.

"유순한 대답은 분노를 쉽게 하여도 과격한 말은 노를 격동하느니라."

과격한 말은 노를 격동하게 해 아이로 하여금 집을 뛰쳐나가게 할 수 있다. 부모의 언어가 자녀의 감정을 다스리고 있는지, 아니면 자녀의 감정을 더 건드려서 집을 나갈 수밖에 없게 몰아가고 있지는 않은지 살펴봐야 한다.

그렇다고 무조건 용납하라는 뜻은 아니다. 요셉은 사랑하는 형제들의 잘못을 눈감아 주지 않았으며, 잘못을 지적하고 고쳐 주었다. 그러나 그들을 가슴으로 품어 주었다. 자신의 억울함은 하나님께 맡기고 형들의 변화된 모습에 감격해 같이 울었다.

"당신들이 나를 이곳에 팔았다고 해서 근심하지 마소서 한탄하지 마소서 하나님이 생명을 구원하시려고 나를 당신들보다 먼저 보내셨나이다"
(창 45:5).

이후 요셉은 이스라엘의 열두 지파를 세우는 축복의 통로가 되었다. 우리 안에도 요셉과 같은 마음이 필요하다. 억울한 마음은 주님께 위로받고, 나와 더불어 살아가는 사랑하는 사람들의 변화된 모습을 보거든 부풀려서 칭찬하고, 보이지 않거든 힘껏 찾아보라. 반드시 보일 것이다. 우리가 원하는 바는 잘라 내는 것이 아니라 더불어 사는 삶이다.

반응은 기적을 일으킨다

한 중년 여성이 "목사님, 저는 자녀를 셋 키워요"라고 말했다. 평소 알고 지내는 분이시기에 "아니, 둘밖에 없잖아요?"라고 물었다. 그러자 이렇게 답하셨다. "아니, 남편까지요. 남편도 자녀 같아요. 너무 감정적이고 즉흥적이에요. 남편은 반찬을 가지고도 너무 섭섭해해요. 아들에게 맛있는 햄을 튀겨 줬더니 남편이 저에게 '내가 밥 먹으면 이런 게 나오겠어?' 하는 거예요. 사실 자기 아들이잖아요? 그런데 왜 그런 말이 나올까요? 제가 이렇게 유치한 사람하고 삽니다."

집안에서 자신의 존귀함을 스스로 인식하지 못하면 이러한 반응이 나올 수도 있다. 자신에게도 관심을 가져 달라는 외침이다. 아내들은 점검해야 한다. '나는 남편을 존귀하게 여기는 행동을 하고, 반응해 주고, 지지하고 있는가? 들어오나 나가나 상관없이 안방에서 말하고 있지는 않은가? 건성으로 대답하고 있지는 않은가?'

사람은 누구나 집중을 받고 싶어 한다. 가정은 사랑하는 사람들이 모인 곳이다. 그런데 서로 간에 어리석게 행동할 때가 있다. 서로 무시하고 살기도 한다. 남편은 아내를 무시하고, 자녀는 부모를 무시하고, 부모는 자녀를 무시한다. 그러고는 무시해도 될 대상들을 존귀하게 여긴다. 아내의 경우 드라마를 존귀하게 여겨서 집중하며, TV를 보는 자신을 방해하면 신경질을 낸다. 남편의 경우 스포츠에 집중하고 있을 때 아내가 무슨 부탁을 하면 화를 낸다. 그때 남편에게 묻고 싶다. "스포츠가 중요합니까, 아내가 중요합니까?" 당연히 아내가 중요하다! 아내가 중요한 만큼 아내가 존귀하게 느끼게끔 행동해야 한다. 마더 테레사는 이렇게 말했다.

> "우리에게 필요한 것은 지치지 않고 사랑하는 것뿐입니다. 어떻게 등잔불이 탑니까? 끊임없이 심지를 태우는 몇 방울의 기름 때문인데, 우리 삶 속에서도 꺼지지 않고 환한 불빛을 비추기 위해서는 몇 방울의 기름처럼 친절한 말 한마디, 타인을 배려하는 마음, 기다림이 필요할 것입니다."

아내가 친절하게 반응하기 시작하면 남편의 눈이 커지기 시작한다. 남편이 차려진 식탁을 보고는 좀 더 반응해 주며 "우와! 된장국이네!" 하면 아내는 소고기를 구워 주고 싶어 한다. 그런데 아무런 반응이 없으면 해주고 싶은 마음이 생기지 않는다.

가정 안에는 서로 반응이 있어야 한다. 반응하면 남편이 움직인다. 반응하면 아내의 우울증이 사라진다. 그러나 내버려 두면 움직이려고 하지 않는다. 택배 기사에게 반응하는 것만큼만 가족에게 반응할 수 있기를 바란다. 식당에서 우리를 맞이하는 종업원들처럼 반응해 보자. 그들은 정말 우리를 사랑해서 다정한 반응을 보이는 것이 아니다. 그러나 가족은 정말 사랑하는 사이가 아닌가? 배우자를 사랑하고, 자녀를 사랑한다면 상대가 사랑을 느낄 수 있도록 반응하기 바란다. 그러면 기적이 일어난다.

집안일을 도와주지 않아 화가 난 중년 여성의 남편을 움직이는 것은 잔소리가 아니라 칭찬일 수 있다. 한 남편이 아내가 형광등을 갈아 달라는 부탁을 한 달 전부터 했건만 "알았다" 하고는 행동하지 않았다. 화가 난 아내는 급기야 '내가 이런 남편과 살아야 하나?'라는 생각이 들었다. 그때 누군가의 권면으로 상담을 받았다. 상담가는 "남편에게 하루에 세 번씩 칭찬을 해주세요"라고 조언했다. 상담가의 조언에 그녀는 "칭찬할 것이 있어야 칭찬하지요"라고 말했고, 숙제이므로 해 오라는 답변을 들었다.

할 수 없이 숙제니까 해야겠다는 마음으로 귀가한 남편에게 칭찬을 하려고 했다. 그런데 도대체 칭찬할 것이 없었다. 그날 남편은 이발을 하고 왔다. "형광등은 갈아 주지도 않으면서 자기 머리는 저렇게 신경을 쓴다니까!" 하며 쏘아붙이고 싶었지만 숙제를 해야 했기에 칭찬해 주었다. "머리카락 잘랐네? 역시 당신은 잘생겼어!" 이렇게 3일간 하루에 세 번씩 칭찬을 하자 나흘째 되던 날 남편이 손에 무엇인가를 들고 집에 들어왔다. 바로 형광등이었다.

사람을 존귀하게 대해 주는 대화의 기술은 곧 나를 행복하게 해준다. 대화의 기술로 중년의 시기가 행복해질 수 있다.

 행복한 관계를 디자인하는 중년을 위한 Tip 2

1. 행복한 관계를 디자인하기 위해 가장 중요한 것은 언어다.
2. 위로도 기술이다. 위로의 기술을 배우면 따뜻한 중년을 보낼 수 있다.
3. 부모의 언어가 자녀를 변화시킨다. 부풀려서 칭찬하고, 보이지 않거든 힘껏 찾아보라.
4. 자녀를 훈육할 시기는 아이의 감정을 충분히 만져 주고 난 후가 적기다.
5. 배우자든 자녀든 상대가 사랑을 느낄 수 있도록 반응하면 기적이 일어난다.

3장
행복한 중년의 필수 요소, 섬김

   섬김은 행복한 관계를 지속시키는 디딤돌이 된다. 가정에는 섬김이 있어야 하며, 섬김은 평생 배워야 하는 공부다.

   앞을 보지 못하는 사람이 머리에 물동이를 지고 가는데 손에 등불을 켠 채 들고 갔다. 지나가던 사람이 "당신은 너무 어리석습니다. 앞도 보지 못하면서 왜 등불을 들고 가십니까?"라고 물었다. 그러자 그는 이렇게 답했다. "이 등불은 나를 위한 것이 아니라 당신을 위한 것입니다." 얼마나 지혜로운 처사인가? 내가 상대에게 빛을 비출 때 그와 부딪치지 않을 수 있다.

   공동체와 사회 안에 있으면 부족한 사람끼리 만나게 된다. 완전한 사람은 없다. 부족한 사람끼리 모인 공동체에서 살아가려면 단점이 많으면 많을수록 더 많이 섬겨야 한다. 그때 서로 부딪치지 않을 수 있다. 비록 나에게는 필요 없어도 상대를 위해 등불이 필요하다면 번거롭더라도 등불을 들고 감으로써 상대와 부딪치지 않고 집까지 안전하게 갈 수 있다.

우리는 왜 이 세상을 섬기며 살아야 할까? 우선 나를 위해서다. 우리는 행복해지기를 원한다. 그리고 하나님은 자기 자녀가 행복하게 사는 것을 기뻐하신다. 부모는 자녀가 행복하고 기쁘게 살면 매우 좋아한다. 우리를 자녀로 삼아 주신 하나님은 사랑의 본체이시고 완전한 사랑을 소유한 분이시기에 우리가 행복하게 사는 모습을 보시며 정말 좋아하신다. 그래서 행복하기 위해서는 우리의 삶 속에 섬김이 있어야 하고, 중년을 행복하게 보내고 싶다면 자녀들에게 섬김을 가르쳐야 한다.

1. 섬김은 은혜요, 중년이 행복해지는 길이다

인도에 50년간 싸움을 한 번도 하지 않은 부부가 있었다고 한다. 한 기자가 인터뷰를 했다. "50년 동안 한 번도 싸우지 않을 수 있었던 비결이 무엇입니까?" 그러자 할머니가 50년 전에 있었던 한 가지 사건을 이야기해 주셨다.

신혼여행 때 있었던 일인데, 결혼식을 마친 후 낙타를 타고 신혼여행을 갔다. 낙타라는 동물은 쉽게 사람을 떨어뜨리지 않는데 이상하게도 그날 낙타가 남편을 떨어뜨렸다. 그런데 낙상한 남편이 옷을 툭툭 털더니 낙타를 보면서 "한 번!"이라고 말하고는 화를 내지 않았다. 아내는 '아, 내가 결혼을 정말 잘했구나. 이렇게 사람이 온유하고 절제할 수 있다니'라고 생각했다.

그런데 낙타가 또 남편을 떨어뜨렸다. 이번에도 남편은 화를 내지 않고 "두 번!"이라고 말했다. 아내는 '이 사람은 하늘에서 내려온 사람이야. 신의 경지에 이른 사람이야'라고 생각했다. 낙상을 했으니 얼마나 아팠겠는가? 하다못해 낙타의 다리라도 한 대 때리거나 엉덩이를 걷어찰 수도 있었을 법한데 말이다.

이때 낙타가 남편을 또 떨어뜨렸다. 세 번째 떨어지고 난 남편은 이번에는 갑자기 총을 들더니 낙타를 쏴 버렸다. 아내는 너무 충격을 받아서 "당신, 왜 이렇게 잔인하게 낙타를 죽였어요?"라고 물었다. 그러자 남편이 전혀 안색이 변하지 않은 채 "한 번!"이라고 말했다. 아내가 "뭐가 한 번이에요? 그리고 신혼여행 때 총은 왜 들고 와요?"라고 따지며 묻자 남편은 "두 번!"이라고 말했다. 그 후 아내는 남편에게 더 이상 말을 하지 않았다고 한다. 웃고 넘기기에는 슬픈 이야기다.

우리는 억압을 통해서 가정의 평화를 유지할 수도 있다. 무언의 누름으로 평화를 지킬 수 있다. 그렇지만 그 평화는 거짓 평화다. 남편이 아내에게 월급을 주면서 누를 수 있다. 이때 아내는 '내가 돈을 못 버니까 받아써야지. 어쩔 수 있나. 나는 돈을 벌 능력이 없으니까'라고 생각할 수 있다. 부모가 자녀를 얼마든지 누를 수 있다. 자녀는 '그래, 내가 어디 갈 데도 없는데'라고 하며 참는다. 그러나 억압과 누름으로 지속된 가정에는 언제 터질지 모르는 분노가 내재되어 있다.

성경에는 섬김을 가르쳐 주는 많은 예가 있다. 그중에서 창세기 18장에는 아브라함이 지나가는 나그네를 극진히 대접하는 사건이 기록되어 있다. 나그네들이 남루한 모습으로 아브라함 앞을 지나갔다. 당시는 정오라 뜨거워 수풀 앞에서 쉬고 있을 때였다. 쉬고 있을 때는 아무리 사랑하는 사람이라 할지라도 찾아오면 번거롭게 느껴지곤 한다. 커피 한 잔 마시면서 여유를 느끼고 싶은데 친한 친구라 할지라도 찾아오면 난감할 때가 있다. 아브라함에게 있어서 정오의 그 시간은 쉬고 싶은 때였다. 그런데 지나가는 나그네들이 보이자 대접하기를 마다하지 않았다. 3절을 보면, 아브라함은 나그네들을 대접하는 데 있어서 생각과 행동이 여느 사람과 달랐다.

"이르되 내 주여 내가 주께 은혜를 입었사오면 원하건대 종을 떠나 지나가지 마시옵고."

우리는 흔히 누군가를 도와주고 섬김을 베푼 후에 "제가 당신에게 은혜를 베풀었으니 잊지 마십시오"라고 이야기한다. 그런데 아브라함은 반대로 "섬길 수 있도록 제게 은혜를 베풀어 주옵소서"라고 말했다. 바로 이것이 아브라함의 마음자세요, 그리스도인의 마음자세가 되어야 한다.

섬김은 건강이나 물질, 또는 시간이 없으면 할 수 없다. 따라서 우리가 누군가를 섬기는 것이 은혜라는 사실을 깨닫게 된다면 그것은 큰 축복이다. 가정 안에 이러한 은혜가 있어야 한다.

만약 남편이 열심히 일하고 월급날이 되어 아내에게 월급봉투를 건네면서 "낭비하지 마라"라고 말한다면 아내는 마음이 무겁고 눈치가 보일 것이다. 그런데 "내가 열심히 번 돈을 사랑하는 사람들이 써 주니 정말 좋아!"라고 말하며 건네준다면 어떨까? 자신이 힘들게 번 돈으로 가족들이 옷을 사고 맛있는 음식을 먹는 모습을 바라보며 흐뭇해하는 남편을 아내와 자녀들은 존경할 것이다. 이는 마치 어머니가 정성스럽게 차린 식사를 자녀가 맛있게 먹는 모습을 보는 것과 같다. 수고는 자녀가 아니라 어머니가 했는데도 말이다. 이처럼 가정 안에 "은혜가 임했기 때문에 섬김이 있구나"라는 고백이 넘쳐나야 한다.

그리고 이러한 마음자세를 성경에서 배워야 한다. "내가 열심히 번 돈을 사랑하는 당신이 써 줄 수 있겠습니까?"라고 묻는 마음자세가 필요하다. 아브라함이 나그네들에게 "내가 당신들을 섬길 수 있도록 은혜를 베풀어 주십시오"라고 말한 것처럼 말이다. 참으로 멋진 은혜다. 우리 가정 안에 이러한 은혜가 있어야 하며, 우리는 그 은혜를 사모해야 한다. 자녀들도 마찬가지다. 공부를 하면서 "내가 이렇게 공부할 수 있는 것이 은혜구나"라고 말할 수 있어야 한다.

그런데 섬기는 것을 은혜로 알지 못하면 섬기면서 스스로 상처받을 수 있다. 부모는 자녀에게 "내가 너를 얼마나 고생하며 키웠는데 어떻게 이래?" 하면서 부정적인 마음자세로 대해서는 안 되고, "내가 이렇게 오래 살아서 너를 키울 수 있고, 네 손자까지 보게 되어 정말 좋구나"라고 말할 수 있어야 한다. 그 정도로 섬기는 것이 은혜임을 깨달을 때 가장 먼저 자신이 행복하다.

예수님은 섬기는 자가 복이 있으며, 자신은 이 땅에 섬기러 왔다고 말씀하셨다. 예수님은 자기 생명을 내어 주면서까지 우리를 섬기셨다. 예수님을 만난 그리스도인들도 그렇게 살아야 한다.

"인자가 온 것은 섬김을 받으려 함이 아니라 도리어 섬기려 하고 자기 목숨을 많은 사람의 대속물로 주려 함이니라"(마 20:28).

2. 섬김의 수준을 높이고, 자녀를 훈육하라

중년은 젊었을 때보다 더 많이 섬길 수 있는 힘이 있다. 그러나 젊을 때보다 책임져야 할 일이 많기에 오히려 마음이 더 좁아질 때도 있다. 이런 상황에서 중년은 섬김의 본이 되어야 하며, 젊은이(자녀, 후배)들에게 섬김을 가르쳐 줄 수 있어야 한다.

앞서도 살펴보았듯이 아브라함의 섬김은 섬김의 정도를 가르쳐 주는 좋은 예가 된다. 먼저, 아브라함은 섬김을 은혜로 알았다. 내가 도와주니 상대방이 고마워해야 한다는 마음자세가 아니라, 상대방이 나에게 섬길 수 있는 기회를 주니 감사한 것이다. 이것이 섬김의 시작이다. 창세기 18장을 좀 더 살펴보면, 아브라함의 섬김의 수준이 높다는 것을 알 수 있다.

"아브라함이 급히 장막으로 가서 사라에게 이르되 속히 고운 가루 세 스아를 가져다가 반죽하여 떡을 만들라 하고"(창 18:6).

여기서 '고운 가루 세 스아'는 22L의 밀가루로, 세 사람이 먹기에는 아주 많은 양이다. 그리고 이어지는 7절에 의하면, 아브라함은 기름지고 좋은 송아지를 잡았다. 뿐만 아니라 마치 종업원처럼 나그네들의 수종을 들었다. 이것이 바로 섬김이다.

우리는 한편으로 '너무 과하지 않나? 부담스러울 것 같아. 섬기는 것도 적당히 해야지'라고 생각하곤 한다. 오늘날 대부분의 현대인들의 생각이 그러하다. 그런데 부담의 기준이란 누가 만든 것일까? 성경에서는 아브라함을 기준으로 삼고 있다.

이어지는 19장을 보면, 나그네들은 아브라함의 조카 롯을 만나기 위해 소돔과 고모라로 갔다. 하루 차이밖에 나지 않지만 아브라함이 살고 있는 지역과 롯이 살고 있는 지역인 소돔과 고모라는 매우 달랐다. 롯은 나그네들에게 누룩이 들어가지 않은 무교병을 대접했다. 그것이 전부였다. 그것이 바로 소돔과 고모라의 섬김의 수준이었다. 그런데 롯의 립서비스는 아브라함보다 더 좋았다.

> "이르되 내 주여 돌이켜 종의 집으로 들어와 발을 씻고 주무시고 일찍이 일어나 갈 길을 가소서 그들이 이르되 아니라 우리가 거리에서 밤을 새우리라 롯이 간청하매 그제서야 돌이켜 그 집으로 들어오는지라 롯이 그들을 위하여 식탁을 베풀고 무교병을 구우니 그들이 먹으니라"(창 19:2-3).

아름다운 중년을 보내기 위해서는 나이가 들면 들수록 섬김이 은혜임을 알아야 하며, 또한 가르쳐야 한다. 자녀가 부모에게 용돈 좀 드리고 난 후에 부모를 가르치려고 하면 중년들은 서글퍼질 것이다. 그래서 자녀들에게 가르쳐야 하며 섬김의 본이 되어야 한다. 섬김에는 물질, 시간, 노력이 필요하다는 점과 섬김의 수준은 나이가 들면 들수록 더 높아져야 한다는 점도 가르쳐야 한다.

초등학생 자녀가 부모에게 "사랑합니다" 하면서 양말 두 켤레를 포장해서 선물했다. 아마도 부모는 정말 기분이 좋을 것이다. 그런데 그 자녀가 장성해 결혼을 했는데, 그때도 양말 두 켤레를 가지고 온다면 어떠할까? 부모는 서운할 것이다. 성장과 성숙에 따라 섬김의 수준은 점점 올라가야 한다.

그 이유가 무엇일까? 초등학생이든 결혼을 했든 똑같이 자기 아들이고 딸이지만 출가해서도 어린 시절과 별 다르지 않게 부모를 섬긴다면 가르쳐야 한다. "애야, 이것은 아니다. 섬기기 위해서는 물질을 들이고 시간을 써야 한단다." 중년은 섬김의 본이 되는 동시에 가르쳐야 하는 위치에 있다는 사실을 꼭 기억하기 바란다.

우리가 살고 있는 시대는 이기적인 시대다. 그래서 섬김의 수준도 많이 낮아졌다. 이러한 세상에서 중년들은 책임감 있게 살고 자녀들을 교육해야 한다. 만약 자녀들에게 섬김의 본이 되지 않고, 하나님보다 자녀들을 우선으로 키웠다면 자녀들은 이기적인 모습으로 자라나게 될 것이다.

중년의 시기는 하루 종일 열심히 일하고 돈을 벌어도 수입보다 지출이 더 많은 때다. 그래서 하나님께도 "죄송하지만 어쩔 수 없어요"라고 변명할 것이다. 그러면 그 자녀도 어른이 되어 환경이 힘들어지면 부모에게 "살기 힘들어서 안 되겠어요. 저도 제 가정이 있고 제 자녀가 있으니까 안 되겠어요. 죄송해요. 부모님"이라고 변명하게 될 것이다. 이러한 마음자세를 누가 심어 놓았는가? 바로 우리, 중년의 부모다.

자녀가 힘들다고 말하면 부모로서 섭섭하지만 그래도 이해해 줄 수 있다. 하지만 자신이 느낀 섭섭함을 자녀들이 중년이 된 후 동일하게 겪게 되지 않을까? 한번 생각해 볼 문제다.

성경의 원칙대로 하나님을 먼저 섬기고, 어떤 순간에도 섬김의 수준을 낮추지 않고 살아가면 하늘의 공급하심이 주어진다. 이제 중년들은 말씀의 기준을 버리지 않고 본을 보이며 살아가고, 말씀의 기준을 전수해 줄 책임의 자리에 서 있다. 그리고 그렇게 살아갈 때 행복한 중년을 보낼 수 있다.

 행복한 관계를 디자인하는 중년을 위한 Tip 3

1. 가정에 반드시 필요한 섬김은 평생 배워야 하는 공부다.
2. 행복하기 위해서는 삶 속에서 섬김을 실천해야 한다.
3. 예수님은 섬기는 자가 복이 있으며, 자신이 이 땅에 섬기러 왔다고 말씀하셨다. 섬기는 것이 은혜라는 사실을 깨닫는 것은 큰 축복이다.
4. 중년을 행복하게 보내고 싶다면 자녀들에게 섬김의 본을 보이고, 끊임없이 가르쳐야 한다.

4장
행복한 중년의 가정을 이루기 위한 4가지 비결

중년들에게 있어서 가정은 안식처와 같다. 가정이 안식처가 되려면 청소년기를 겪고 있는 자녀들과 화평한 관계를 맺고 살아야만 한다. 그래서 중년들은 '어떻게 하면 자녀와 마찰하지 않고 좋은 관계를 맺을 수 있을까?' 고민하는 것 같다. 이 장에서는 중년들의 행복을 위해 자녀들과의 대화의 기술을 알아보고자 한다. 부모도, 자녀도 머물고 싶은 가정이 되기 위해서는 먼저 언쟁이나 싸움이 중단되어야 한다.

1. 하루해를 넘기지 말고 화해하라

집안에 싸움이 자주 있으면 먹을 것이 있어도 들어가고 싶지 않다. 잠언 17장 1절은 "마른 떡 한 조각만 있고도 화목하는 것이 제육이 집에 가득하고도 다투는 것보다 나으니라"라고 말한다. 그리고 부부 생활에 있어서 잠언 21장 9절은 "다투는 여인과 함께 큰 집에서 사는 것보다 움막에서 사는 것이 나으니라"라고 조언한다. 다툼이 반복되면 집을 떠나 숨게 된다. 왜 그럴까?

싸움은 영, 혼, 육을 지치게 하기 때문이다. 따라서 쉼을 얻고자 집에 있는 고기보다는 집 밖에서 마른 떡을 먹겠다 하고, 큰 집보다는 지하 방도 좋으니 혼자 살고 싶어 하는 것이다. 부부 간에, 부모와 자녀 사이에 싸움을 멈춰야 서로 가정 안에 머물고 싶어진다. 그러므로 성경의 경고에 귀를 기울이자.

"분을 내어도 죄를 짓지 말며 해가 지도록 분을 품지 말고"(엡 4:26).

주님은 우리에게 분 자체를 내지 말라 하시지는 않았다. 삶 속에서 분노가 일어날 수 있다. 그러나 어떤 분이든 하루해를 넘겨서 분을 가슴속에 품고 잠자리에 들어서는 안 된다고 하셨다. 이러한 말씀의 기준을 가지고 살 때 하루 안에 분을 풀고, 문제를 바로잡으며, 관계를 회복하려는 노력이 생긴다.

가정 구성원들의 특징 중에 하나는 가족이라면 내 마음을 이해할 것이라는 서로를 향한 높은 신뢰다. 그래서 화가 난 중년의 엄마는 '지금 내가 화가 나 있다는 것을 자녀와 남편이 알고 있을 것이다'라고 생각한다. 그릴 수도 있지만, 그렇지 않을 수도 있다. 우리는 상대방이 나에 대해 미안함을 가지고 있다고 생각하지만, 사실 무엇 때문에 화가 나 있는지조차 모를 수 있다.

그래서 자신의 감정을 합리적으로 말할 수 있어야 한다. 말을 하는 데 있어서 자신의 생각과 높은 자존심을 버려야 한다. 즉 '내가 이런 말을 꼭 해야 하나?'라고 생각해서는 안 된다. 때로 자신의 섭섭한 감정을 이해시키는 것 자체를 자존심이 상해서 하지 않는다. 가정 안에서는 성인군자가 되기보다는 허물없이 이야기하는 사람이 되는 것이 좋다. 가족들 간에 자존심을 내세운다면 서로 간에 깊은 골이 생길 수밖에 없다.

말을 하지 않고 참았던 시간까지 더해져 분노가 상처로 자리 잡게 되면 매사에 짜증이 날 수밖에 없다. 몸이 약해지면 조금만 스쳐도 아픈 것처럼 묵은 감정으로 인해 정신적으로 약해 있을 때는 조그마한 말 한마디에도 상처를 받게 된다. 그런데 아마도 이 상처는 자신의 강함으로부터 온 상처일 것이다. 자신의 자존심 때문에 자기 자아를 꺾지 못해 받은 상처일 것이다.

말씀에 기준을 두는 것은 내 삶을 행복하게 한다. 나는 말하고 싶지 않지만 "하루해를 넘기지 말라"라는 말씀 때문에 분노를 털어 버리기 위해 대화를 시도하는 것 자체가 자신은 물론 가정을 건강하게 지키기 위한 방법이다.

2. 서로를 향한 믿음을 절대 고수하라

'잔소리'의 정의는 '좋은 말을 듣기 싫게 하는 것'이다. 잔소리 자체에는 나쁜 말이 없다. 상대방의 얼굴 표정과 어감을 제외하고서 하나하나 곱씹어 생각해 보면 좋은 말만 반복한 것이다. 그런데 잔소리를 듣게 되면 바꾸고 싶은 생각이 아니라, 고집을 피우고 싶은 마음이 들곤 한다. 비록 좋은 말을 나열해 반복한 것이지만 잔소리로는 사람의 마음을 움직일 수 없는 이유는 자신의 강함으로 상대방의 생각과 마음을 고치려고 하기 때문이다.

왜 반복하는가? 왜 좋은 말을 강하게 할까? 힘이 들어가기 때문이다. 변화시켜 주실 하나님을 믿지 못해 자신의 힘으로 이해시키려고 하니 계속적으로 반복하게 되는 것이다. 자신의 생각과 힘으로 고치려는 것이 아니라 성령님의 인도하심을 받아 좋은 말을 할 수 있어야 한다. 성령님이 "그만" 하시면 그 세미한 음성에 순종하고 멈춰야 한다. 한마디 더 하고 싶고, 조금 더 세게, 확실하게 이해할 만한 단어를 써서 강한 표정을 보이고 싶지만, 성령님이 말리시면 그만두고 일하실 주님을 믿고 기도의 자리로 나아가야 한다.

마음속으로 이렇게 다짐해 보라. "자녀에게 30분 권면해야 한다면 먼저 그 자녀만을 위해서 30분 기도하고 나서 권면하리라." 쉽지 않지만 실천해 보라. 기도하면서 자신의 강한 감정, 믿음 없음을 회개할 수 있으므로 성령 충만한 상태가 될 것이며, 성령 충만한 상태에서 권면하면 능력이 발휘될 것이다.

3. 서로를 온유와 겸손으로 대하라

우리의 삶에서 왜 언쟁을 하는가? 상대가 내 말의 의도를 파악하지 못하고 다른 소리를 하니까 답답해서일 것이다. 만약 우리가 언쟁이 시작될 때 "아, 그래. 내가 너무 관심이 없었어", "그래 맞아. 그랬구나" 등 상대방이 왜 화가 나 있는지를 알아주고 인정해 주면 거센 분노는 잠잠해지게 되어 있다. 그런데 자신이 화해를 시도하고 말했는데도 알아주지 않고 모른 척하며 자신의 입장만 말하기 시작하면 큰 싸움이 된다.

우리에게 필요한 성품은 예수님의 성품이다. 예수님의 성품은 온유와 겸손이다. '온유'는 헬라어로 '야생마를 길들이다'라는 의미를 가지고 있다. 야생마의 상태가 아니라 사람이 탈 수 있는 훈련된 말, 즉 준마를 뜻한다. 그 훈련 중에는 오래 참음, 성실, 절제 등 여러 가지가 있을 것이다. 훈련을 통해 온유해지면 다양한 사람을 품을 수 있고, 그들의 생각을 이해할 수 있는 힘이 생긴다. '나는 왜 그 말에 화가 나지?'라고 생각하며 스스로를 돌아보고, 다른 사람에게는 '충분히 화가 날 수 있겠구나'라고 생각하며 넉넉히 이해하게 되는 것 자체가 온유한 상태다.

예수님은 의인이시고 인간은 죄인이다. 공통점이 없다. 인간도 예수님을 깨닫지 못하지만 예수님도 인간을 이해하지 못하실 것이다. 완전한 의인이 완전한 죄인을 어떻게 이해하실 수 있겠는가? 그런데 성경은 이렇게 말한다.

"우리에게 있는 대제사장은 우리의 연약함을 동정하지 못하실 이가 아니요 모든 일에 우리와 똑같이 시험을 받으신 이로되 죄는 없으시니라"
(히 4:15).

우리 주님은 죄로 인해 상처가 나 버린 마음을 다 아신다. 사람에 대한 상처, 가난에 대한 상처, 인정받지 못한 상처, 버림받은 상처 등을 다 아시고 공감해 주신다. 죄는 정확하게 지적하시지만 우리를 정죄하지는 않으신다.

요한복음 4장에서 예수님은 사마리아 여인에게 "가서 네 남편을 불러오라"(요 4:16)라고 말씀하셨다. 정확하게 그녀가 감추고 싶어 했던 죄를 드러내셨다. 남편을 데려오라는 말에 여자는 "나는 남편이 없나이다"라고 답했다. 그때 예수님은 그녀를 정죄하시지 않고 덮어 주셨다.

"네가 남편이 없다 하는 말이 옳도다 너에게 남편 다섯이 있었고 지금 있는 자도 네 남편이 아니니 네 말이 참되도다"(요 4:17-18).

남편이 없으며, 지금의 남편도 진짜 남편이 아니라는 불쌍하고 외로운 여인의 마음을 읽으셨기에 "옳도다"라고 말씀하셨다. 우리의 가정에도 이런 대화가 있어야 한다.

중년이 되면 더 이성적이고 합리적이어서 상대방의 거짓말을 잘 알아차리게 된다. 그런 중년에게 필요한 것은 온유함과 자신의 이성을 누를 수 있는 겸손함이다.

4. 마음을 여는 대화법으로 대화하라

중년들에게 있어서 청소년 자녀들과의 언쟁은 불가피한 것 같다. 결혼을 30세에 했다고 가정하면 중2병이 있을 정도로 예민한 자녀를 두었을 것이다.

『10대들의 사생활』(데이비드 월시, 시공사, 2011)에 기록된 아버지와 딸 에린의 대화 내용을 통해 자녀들과의 대화법을 배워 보자. 에린은 18세가 되고 난 후에 운전면허증을 땄다. 운전면허를 따자 기분이 좋았고, 운전이 정말 하고 싶었다. "아버지, 저 차 좀 빌려주세요." 딸이 간절히 원하자 아버지는 차를 빌려주었고, 딸은 차를 끌고 나갔다. 딸이 돌아오기 전까지 아버지와 어머니는 걱정이 되어 마음을 졸였다. 문이 딸그락하는 소리가 나고 딸이 들어오자 부부는 그제야 한숨 돌리고 잠자리에 들 수 있었다. 이것이 부모의 애타는 마음이다.

다음 날 에린의 아버지가 차를 쓰려고 보니 차 안에 과자 봉지며 빈 깡통 등이 널브러져 있었다. 아버지는 쓰레기를 치우다가 생각했다. '아, 이것은 내가 치울 것이 아니라 교육을 해야 되겠구나.'

아버지는 주방에서 서성이는 딸을 불렀다. "에린, 너에게 할 말이 있단다." 그러자 딸은 "제가 무슨 잘못을 했나요?" 하며 약간 날카롭게 반응했다. 아버지는 "아니, 네가 잘못한 게 아니라 아버지가 너한테 할 말이 있어. 차 안에 과자 봉지와 빈 깡통이 너무 많구나"라고 말했고, 딸은 더 예민하게 반응했다. "별것도 아닌 걸 가지고 왜 화를 내세요?" "아니, 내가 화가 난 게 아니라 너에게 이 부분이 안 좋기 때문에 말하고 싶은 거야." 아버지의 말에 에린은 말했다. "아버지는 지금 펄펄 날뛰고 계시잖아요. 왜 소리를 지르고 그러세요?" 그러고는 뛰쳐나갔다.

에린의 아버지는 어떤 마음이 들었을까? 황당했을 것이다. 아버지는 "가만 안 놔둘 거야"라고 말하지 않았기 때문이다. 아버지는 너무 황당해서 아내에게 이렇게 물었다. "여보, 내가 화냈어요?" 그러자 아내는 "아니요, 당신은 정말 차분했어요"라고 답했고, 다시 아버지가 "내가 펄펄 날뛰었어요?"라고 묻자 아내는 "아니요, 당신은 정말 온유했어요"라고 답했다.

이런 경우는 에린의 가정에서만 아니라 우리의 가정에서도 일어날 수 있다. 그래서 자녀들과 대화가 되지 않는다고 서로에게 큰 상처를 주기도 한다. 그렇다면 왜 에린은 이렇게 반응했을까 고민해 봐야 한다.

성인들과 청소년들에게 '슬픈 얼굴', '기쁜 얼굴', '놀라운 얼굴', '무서운 얼굴' 등 다양한 표정이 그려진 카드를 보여 주었다고 한다. 그런데 성인들이 뽑은 슬픈 표정의 카드와 청소년들이 뽑은 슬픈 표정의 카드가 달랐다. 그 이유가 무엇일까? 청소년들은 현재 자신의 느낌이 슬프면 어떤 표정을 봐도 슬프다고 느끼기 때문이다. 반대로 당시에 스마트폰을 샀거나 자신이 사고 싶었던 청바지를 사서 기분이 좋으면 부모가 기분이 안 좋고 우울해도 분별해 내지 못한다. 그래서 엄마도 기분이 좋을 것이라 생각해 "엄마, 나 1,000원만 더 주세요"라고 말한다. 청소년들은 상대방의 분노, 슬픔, 기쁨을 보는 것이 아니라 자신의 감정에 따라 카드를 해석한다.

에린도 자신이 잘못했다는 점을 알고 있었던 것 같다. 그런데 아버지를 계속 공격하면서 "왜 화를 내세요"라고 말했다. 아이가 집중한 것은 아버지가 자신에게 화를 내고 있다는 것이었는데, 실제적으로 아버지는 화를 내지 않았고 교육하기 위해 말을 시작한 것뿐이었다.

그렇다면 왜 에린은 아버지가 화가 났다고 단정 지었을까? 지금 자신이 화가 나서 상대방도 화가 나 있을 것이라고 확신했기 때문이다. 자신도 알고 있었을 것이다. 친구들과 신나게 놀고는 너저분해진 차 안을 치울까 했지만 너무 피곤해서 미루었다. 그런데 아버지가 차 안을 보고 말을 걸어왔다. 어젯밤부터 차 안이 지저분하다는 점이 마음에 걸렸는데, 아버지가 "할 말이 있단다"라고 하자 자신의 모든 감정이 표출되어 "내가 무슨 잘못을 했나요? 왜 아버지는 화를 내세요?"라는 말이 튀어나와 버렸던 것이다. 아버지가 화가 난 것이 아니라 자신 안에 있는 죄책감이 혼날 것이라는 두려움으로 인해 아버지가 화가 났을 것이라고 단정 짓게 한 것이다.

우리도 분명 내가 잘못했음에도 더 화를 낼 때가 있다. 이성의 뇌가 작동이 잘된다는 성인들도 자신이 잘못하고 나면 화가 나서 누가 한마디만 해도 "안다니까! 그만해!" 하며 소리를 친다. 성인들도 죄책감, 두려움에 감정이 펄펄 날뛰는데 청소년들은 오죽할까.

결국 에린은 자신의 이야기를 한 것이다. 만약 그때 아버지가 화를 냈다면 자녀는 '역시 내 생각이 맞아! 아버지는 화가 나신 거야'라고 확신하고는 자신의 잘못보다는 화를 내는 아버지만 크게 생각했을 것이다.

그래서 부모인 우리는 기도하며 주님의 도우심을 구해야 한다. "주님,

제 마음이 너무 아파요. 주님, 이 문제를 어떻게 대하기를 원하십니까? 자녀와 대화가 안 돼요." 주님께 나아가 기도하면 하나님의 위로가 임할 것이다. 에린의 예를 가지고 청소년 자녀들을 둔 중년의 대화의 기술을 배워 보자.

자녀와의 대화 법칙 1

자녀와 대화할 때는 '아이(I, 나) 메시지'를 쓰는 것이 중요하다. 예를 들어, 자녀가 늦었다. 그때 "너 왜 늦었어?" 하기가 쉽다. '너'라고 말하는 순간 '유(You, 너) 메시지'를 쓰게 되는데, 유 메시지는 추궁의 의미가 강하기에 상대방이 긴장하기 쉽다. 대신 이렇게 말해 보자. "나는(아이 메시지) 너무 걱정했단다."

그렇다면 에린의 아버지는 이렇게 다가가야 했다. "아버지는 차 안에 있는 빈 깡통과 널브러진 과자 봉지를 보고 우리 딸이 무슨 일이 있었나 너무 걱정이 됐어. 나는 혹시 네가 어제 친구들하고 좋지 않은 일이 있었나 했지. 우리 딸은 그런 아이가 아닌데." 이처럼 자신의 감정을 아이 메시지로 전달해야 했다.

실제적으로 에린의 아버지는 딸아이가 걱정이 되어 잠을 자지 못했다. 사실을 사실대로, 아이 메시지를 쓰게 되면 조금은 다른 대답이 나올 수 있다. 그러나 '너'라고 하는 순간 상대는 추궁하고, 강압하고, 힘들게 한다고 생각하게 된다. 만약 에린의 아버지가 아이 메시지로 먼저 접근했다면 아마도 에린은 머리를 조아리면서 "아니요, 제가 어제 너무 흥분해서 차

안을 치우지도 않고 들어와 버렸어요. 빨리 가서 치울게요"라고 답했을 것이다. 이것이 대화의 기술이다.

자녀와의 대화 법칙 2

일반화하는 대화법은 피해야 한다. 예를 들어, 자녀가 식탁 정리를 안 했다고 하자. "너는 한 번도 식탁 정리를 안 해!"라고 말하기 쉽다. 그런데 사실은 아니다. 오늘만 안 했다. 물론 어제도 안 했고, 그제도 안 했지만, 일주일 전에 한 번 했다.

앞서도 언급했지만 청소년들은 9개의 거짓말을 하고 1개의 진실을 말했을 때, 9개의 거짓말은 기억하지 못하고 지금 정직하게 말한 것만 생각하며 자신이 정직하다고 여긴다. 마찬가지로 일반화하는 표현은 사람의 감정을 상하게 한다. "너는 항상 그랬어", "너는 한 번도 치운 적이 없어"라고 말하면 자녀는 속으로 '내가 한 달 전에 치웠는데 엄마는 나만 미워해'라고 생각하게 된다. 이때는 일반화하지 말고 "오늘 너는 치우지 않았구나"라는 대화법으로 다가가야 한다.

자녀와의 대화 법칙 3

상대방이 말을 할 때 끊지 않아야 한다. 우리가 말을 끊기 시작하면 상대방은 무시당한다고 생각한다. 상대방의 말을 끊는 이유는 별 의미가 없다고 생각하거나 반복되는 말이기 때문이다.

그런데 우리가 예수님께 기도할 때를 생각해 보자. 예수님은 우리의 말을 끊지 않으신다. 우리는 예수님께 나아갈 때 논리정연하게 말씀드리지도 않는다. 그럼에도 예수님은 늘 새로운 말인 것처럼 우리의 말을 다 들어 주신다. 마찬가지로 우리도 예수님처럼 상대방이 같은 말을 또 하고, 또 한다 할지라도 끊지 말고 들어 주어야 한다.

만약 상대의 말을 끊어야 한다면 신호를 주는 것이 좋다. 자동차를 운전하면서 우측으로 꺾을 때 우측 깜빡이를 켜듯이 "잠깐, 미안한데" 하면서 표시하는 것이다. 그렇지 않으면 아이는 '엄마는 나를 무시해', '엄마는 내 말에 관심이 없어!'라고 생각하게 된다.

자녀와 행복한 관계를 맺기 위해서는 능숙함이 필요하다. 능숙하기 위해서는 노력해야 한다. 상대방을 존중하면서, 추궁하는 언어가 아니라 "나는 네가 무슨 일이 있는 줄 알았어" 등 아이 메시지를 사용하고, 일반화하는 단어를 쓰지 않도록 주의해야 한다. 예수님은 우리에게 "너는 평생 한 번도 나에게 헌신하지 않았잖아"라고 말씀하시지 않는다. 헌신하지 않아도, 조금만 마음을 돌이켜 결단해도 믿고 기뻐하며 반응해 주시는 예수님의 마음을 소유해야 한다. 예수님이 나를 인정해 주신 것처럼 우리도 자녀를 인정해 주어야 한다. 그리고 상대방의 말을 끝까지 경청하는 인내와 예의를 갖추어야 한다.

중년은 자신도 가누기 힘든 시기다. 중년만큼 하루하루 사는 일이 지치고 힘든 시기도 없는 것 같다. 젊었을 때는 패기와 열정으로 무엇이든 다 할 수 있을 것 같았는데, 나이가 들고 책임져야 할 사람들이 있다 보니 주

저하고 눈치 보며 살게 된다.

　중년들이여! 힘을 내자. 당신의 수고와 아픔을 하나님이 다 아신다. 그리고 하나님이 도와주신다. 중년의 시기는 하나님과 더욱 깊은 교제를 나눌 수 있는 시간이다. 힘들고, 지치고, 세상이 무서울 정도로 두려워 자신이 없기에 바로 그 시기에 하나님의 이름을 부르게 되는 것이다. 날마다 주님이 주시는 힘으로 다시 일어서자. 중년의 시기는 최고로 겸손해지기에 최고로 행복해질 수 있다. 우리는 마지막 날 이렇게 찬양할 것이다.

"나의 갈 길 다 가도록 예수 인도하시니……영영 부를 나의 찬송 예수 인도하셨네"(새찬송가 384장, 1절).

 행복한 관계를 디자인하는 중년을 위한 Tip 4

1. 행복한 중년의 가정을 위한 필수 조건은 자녀와의 원만한 관계다.
2. 중년에게 필요한 것은 온유함과 자신의 이성을 누를 수 있는 겸손함이다.
3. 아이(I,나) 메시지, 일반화하지 않기, 경청하기 등 대화의 기술을 능숙하게 익혀 자녀와 마음을 여는 대화를 이어 가라.
4. 예수님이 내 말을 경청해 주시는 것처럼 자녀의 말을 경청하고, 예수님이 나를 인정해 주시는 것처럼 자녀를 인정하라.

제 2 부

돈 걱정 없는
인생 후반전

- 김의수

■ 프롤로그

이 세상의 그 어떤 것도 하나님의
공급하심으로부터 우리를 끊을 수 없습니다

"너희는 무엇을 먹을까 무엇을 마실까 하여 구하지 말며 근심하지도 말라 이 모든 것은 세상 백성들이 구하는 것이라 너희 아버지께서는 이런 것이 너희에게 있어야 할 것을 아시느니라"(눅 12:29-30).

주님은 우리에게 무엇을 먹을까, 무엇을 마실까 염려하지 말라고 하시지만 그리스도인인 우리는 돈이 있는 날도, 또 돈이 없는 날도 돈 걱정을 합니다. 주님이 그것은 세상 백성이 구하는 것이며, 하나님이 우리의 삶을 책임지신다고 거듭 말씀하셔도 그 말씀을 믿고 따르기가 힘든 시대에 우리는 살고 있습니다.

필자는 지난 14년간 그리스도인의 재정 관리 상담을 하면서 "하나님과 재물을 동시에 섬길 수 없다"라는 말씀을 믿고 실천하는 그리스도인

가정이 많지 않음을 보았습니다. 어떻게 하면 돈 걱정 없는 그리스도인으로 살아갈 수 있을까요? CTS에서 강의한 내용을 정리한 이 책을 통해 좀 더 많은 사람이 "왜 우리는 돈 문제에서 계속 넘어지고 주님을 신뢰하지 못하는가?"라는 문제에 대해 살펴볼 수 있기를 바랍니다.

먼저, 1장에서는 맞벌이를 해도 빚지는 삶을 살게 하는 원인을 알아보게 될 것입니다. 우리 개인의 문제이기보다 신자유주의 이후 조성된 사회 구조의 문제 때문임을 살펴보고, 이러한 경제 구조 안에서 그리스도인이 어떻게 자족하고 살아야 하는지 배우게 될 것입니다.

2장에서는 아버지의 부도로 모든 것을 잃고 아픈 큰딸을 키우면서 죽지 않고 믿음으로 살아온 필자의 가정을 보게 될 것입니다. 세상은 '불행하게 살다 죽을 것'이라는 거짓 메시지를 끊임없이 쏟아 내지만, 주님은 일용할 양식뿐만 아니라 모든 길을 예비하신다는 사실을 함께 보게 될 것입니다. 특히 필자의 가족이 적은 급여에도 빚지지 않고 살 수 있었던 놀라운 비결을 배우고, 독자들의 가정에도 동일한 은혜가 있기를 기도합니다.

3장에서는 어떻게 하면 주님이 주신 급여로 많든 적든 예산을 세우고 자족하며 살아갈 수 있는지에 대한 구체적인 방법을 배우게 될 것입니다. 국가나 기업도 매년 예산을 세우고 집행을 하는데 그리스도인의 가정 경제에는 예산의 개념이 없는 모습을 종종 보게 됩니다. 따라서 이 장에서는 어떻게 예산을 세우고, 주어진 소득 안에서 우선순위를 정해 지출해야 하는지를 알려 드릴 것입니다.

마지막 4장에서는 예산을 세우고, 지출을 통제하며, 남은 돈을 어떻게 지혜롭게 저축하고 투자해야 하는지에 대해 배우게 될 것입니다. 그리스도인은 무조건 저축만 해야 하는지, 투자와 투기는 어떻게 다른지 그 원리를 배우고 익혀서 실제 삶에 적용할 수 있도록 도울 것입니다.

"소비가 너희를 자유롭게 하리니!"

어느새 대한민국은 거대한 소비 국가가 되어 버렸습니다. 이것은 교회도 예외가 아닙니다. 날마다 말씀을 통해 주님을 만나지 않는 것은 괜찮지만 돈이 없어 필요한 소비를 하지 못하면 힘들어하는 우리의 연약한 모습을 봅니다.

돈이 많든 적든 하나님의 자녀인 우리는 돈 걱정을 멈출 수 없습니다. '결혼, 전세 마련, 내 집 마련, 자녀 교육, 그리고 노후 준비까지……. 이렇게 살다 비참하게 죽지는 않을까?' 하는 두려움이 밀려오기도 합니다. 하지만 그 두려움은 세상의 거짓된 메시지입니다. 이 책을 통해 이 시대가 주는 거짓된 메시지를 분별하고 주님이 주시는 평안을 누릴 수 있기를 원합니다. 이 세상의 그 어떤 것도 하나님의 공급하심과 평안으로부터 우리를 끊을 수 없기 때문입니다. 오늘도 주님이 주시는 일용할 양식으로 감사하며 살아가는 그리스도인들이 많아지기를 기도합니다.

김의수
돈걱정없는우리집지원센터 소장

프로필
경성대학교 법대 졸업
워싱턴대학교 경영대학원 졸업(MBA 수료)
현대자동차 기획실
㈜ 원덕 기획실
현 돈걱정없는우리집지원센터 센터장

방송
MBC 〈TV 경제 매거진 M〉, 〈주부 재테크〉
KBS 〈아침마당〉 목요 특강 출연 "돈 걱정 없는 우리 집"
KBS 〈아침마당〉 목요 특강 출연 "가정 경제, 다시 원칙부터 세워라"
EBS 〈60분 부모〉 금요 스페셜 "만나고 싶었습니다"
현) MBN TV 〈우리 집 재무 주치의〉, MBN 라디오 〈경제 라이브 투데이〉
현) YTN 라디오 〈굿 머니 굿 라이프 김의수의 은퇴 이야기〉

강의
기업, 관공서, 교회 재정 강의, 두란노 결혼예비학교 재정 강의

저서
『돈 걱정 없는 우리 집』, 『돈 걱정 없는 우리 집 플래너』,
『돈 걱정 없는 신혼부부』 (비전과리더십)
『빚지기 전에 알았더라면 좋았을 것들』 (미디어윌)
『노후 걱정 없는 우리 집』, 『많든 적든 내 월급이다』 (덴스토리)
『돈 걱정 없는 크리스천』 (두란노)
『앞으로 5년, 빚 없는 사람만이 살아남는다』 (비즈니스북스)

1장
우리가 돈 걱정 없이 살지 못하는 이유

1. 왜 우리는 맞벌이로 살면서도 빚에 허덕여야 하는가?

돈은 우리의 삶과 떼려야 뗄 수 없다. 돈이 우리 삶의 중심에 있다는 점에 의문을 품는 사람은 없을 것이다. 돈 때문에 속상한 적도 있고, 돈 때문에 기뻤던 적도 있을 것이다. 돈이 우리 삶의 슬픔과 기쁨까지도 관장할 수 있기에 하나님이 돈을 '맘몬'이라고 하셨을지 모른다. 돈은 우리에게 꼭 필요한 것인 동시에, 우상이 되어 삶을 파괴할 수도 있다. 그래서 하나님의 백성인 우리에게도 돈 문제는 결코 쉬운 문제가 아니다.

우리가 돈의 지배를 받지 않기 위해서는 돈의 생리를 알아야 한다. 다시 말하면, 우리가 왜 돈 때문에 힘든지 깨닫고, 그러므로 어떻게 돈을 다스리고, 어떻게 저축하고, 어떻게 통장을 관리해야 하는지에 대해 잘 알아야 한다는 것이다.

우리나라 대부분의 부부들은 맞벌이로 살아간다. 외벌이로 살기에는 살림이 팍팍하다고들 말한다. 강연을 가서 조사해 보면, 30대 신혼부부들 중에 93%가 "맞벌이를 해야 한다"라고 답한다. 우리 부모님 세대에는 맞벌이가 별로 없었다. 대부분이 외벌이였는데도 자랄 때 그렇게 못 먹고 못 입지 않았고, 밥 먹고 학교에 다닐 수 있었다. 그런데 요즘은 왜 이렇게 살기가 힘들다고 말하는가? 아무도 이야기하지 않지만 꼭 알아야 할 사실들이 있다.

경제 정책의 한 패턴 중에 '신자유주의'가 있다. 신자유주의는 국가 권력의 시장 개입을 비판하고 시장의 기능과 민간의 자유로운 활동을 중시하는 이론이다. 세계 경제를 뒤흔들었던 금융 위기를 기억하는가? 유식한 말로 '서브 프라임 모기지'라고 하는데, 미국발 서브 프라임 모기지로 금융 위기가 발발했다. 그 뒤로 우리나라는 물론 세계 경제가 많이 흔들렸다. 결국 미국식 자본주의가 어려워졌음을 의미하는 사건이었다.

우리나라 1인당 국민총소득(GNI)은 약 2만 8,000달러(2016년 기준) 정도다. 한화로 환산하면 2,900-3,000만 원 정도다. 한 집을 보통 4인 가족으로 본다면, 1억 넘게 벌어야 국민총소득이 2만 8,000달러가 된다. 즉 국민소득이 높다는 말은 국가가 부자라는 뜻이기도 하지만, 우리 가족이 1억 넘게 벌지 못하면 개인은 힘들고 가난해진다는 것을 의미하기도 하는 것이다.

1970년도에 일어난 오일 쇼크를 기억하는가? 오일 쇼크 이전에는 의료, 집, 교육, 노후 등 국가가 국민을 위해 많은 부분을 책임져 주었다. 하지만 오일 쇼크로 세계 경제가 어려워진 후부터는 모든 것이 달라졌다.

오일 쇼크 이전에는 수정자본주의, 즉 자본주의의 여러 모순들을 국가가 개입해 완화시킴으로써 자본주의 사회의 발전과 영속을 도모하려는 정책을 각 국가가 시행했고, 그 자원을 세금으로 충당했다. 당시에는 실제로 일반 직장인들이 한 달에 300만 원을 벌면 약 150만 원을 세금으로 냈다. 월급의 50%를 세금으로 뗐지만 국가가 다 책임져 주었기에 개의치 않았다. 지금 북유럽의 형태가 이와 비슷하다.

지난 30-40년 동안 이러한 수정자본주의가 전 세계를 지배했다고 할 수 있다. 그동안에는 대부분이 외벌이였고 중산층이 탄탄했다. 그런데 오일 쇼크가 일어났다. 곧 세계 경제가 침체되면서 미국의 로널드 레이건 대통령과 영국의 마거릿 대처 수상이 세계 경제를 살리기 위해 제안한 것이 신자유주의 정책이다. 이 정책으로 금리를 하향 조정하는 등 여러 가지 정책을 폈는데, 일단은 성공적이었다. 2017년 현재도 미국이 금리를 올리고 있어서 점점 좋아지고 있다고 할 수 있다.

그러나 신자유주의의 흐름 속에서 우리가 간과한 것이 있었다. 그것은 바로 인간의 죄성이다. 우리는 모두 죄인이고, 사람의 욕심과 탐욕은 끝이 없다. 신자유주의는 계속해서 돈을 벌도록 조장하지만 중산층의 소득이 1만 달러 정도에 머무르면서, 결국 4인 가구의 소득이 1억에 조금 못 미치게 되었다. 국가와 기업은 돈을 버는데, 중산층 가정은 실제로 급여를 그만큼 받지 못하기에 소득 격차가 점점 벌어졌다. 그래서 맞벌이를 할 수밖에 없는 상황에 봉착하게 된 것이다.

그렇다면 우리는 왜 이렇게 힘들게 느낄까? 열심히 일하고도 경제적으로 어렵고 힘든 이유가 무엇일까? 신자유주의에 의해서 외부적으로 경제는 성장했지만, 우리의 급여는 거기에 맞춰 오르지 않았다는 데 문제가 있다. 또한 국가가 부자가 되면서 나타난 현상으로 자산이 올라갔기 때문이다. 자산 중에서 가장 큰 가치를 차지하는 분야는 바로 부동산이다.

우리나라는 올림픽 때부터 시작해 신자유주의가 들어온 지 벌써 30년이 되었다. 신자유주의가 들어오면서 경쟁적으로 생산을 하고 국가를 발전시키는 일에 매진하다 보니까 정책들이 많이 생겼다. 그 정책의 일환으로 세금과 이자를 줄이고 부동산을 사게 만들었다. 알고 샀든 모르고 샀든 1980년대 후반부터 1990년대 초반에 아파트를 산 사람들의 부동산 가치가 많이 올랐고, 2000년 초반에 또 두 번 올랐다. 2014년쯤 이명박 정부 때 다시 올랐고, 박근혜 정부 때 정책적으로 금리를 떨어뜨려 부동산 가치를 올리려고 했다. 그렇게 부동산 가치가 크게 올랐고, 지금이 최고조라고 할 수 있다. 그래서 부동산으로 많은 사람이 큰돈을 벌었다.

하지만 실제로 이러한 현상으로 인해 지금 20-30대 청년들이 어떻게 살고 있는지 생각해 본 적이 있는가? 결혼해서 가정을 꾸리기 위해서는 보통 전세 대출을 받아야 한다. 부동산의 자산 가치를 올려서 어떤 세대는 돈을 벌었지만, 반면에 또 다른 세대나 돈이 없는 사람들은 계속해서 힘들게 살게 되었다.

2000년 후반에 자산 가치가 오른 아파트를 사서 늦게라도 내 집 마련을 해보고자 빚을 내서 투자했던 사람들은 지금까지도 고통을 받고 있다. 그들을 우리는 '하우스 푸어'(House Poor)라고 부른다. 한때 신문의 한 면을 장식했던 하우스 푸어는 '집을 보유한 가난한 사람'을 의미한다. 주택 가격이 오를 때 저금리를 바탕으로 과도한 대출을 받아 집을 마련했으나 이어진 금리 인상과 주택 가격 하락으로 큰 손해를 보고 있는 사람들이다.

국가는 부자가 되었는데 왜 우리는 여전히 가난한가? 이것은 전적으로 우리의 책임이 아니고, 세계 경제 정책들과 관련된 것이다. 우리가 맞벌이를 하면서 평생 돈을 열심히 벌고도 노후 준비와 아이들 학자금 준비도 어려운 이유는 그 정책들이 현실에서 실행되면서 놓쳐 버린 부분 때문이라고 할 수 있다. 국가와 기업은 부자가 되었지만 개인의 삶은 팍팍해진 것이다. 이것이 우리를 힘들게 만드는 첫 번째 외부적인 요건이다. 다시 말하면, 가정 경세가 힘들어지고 중산층이 무너지는 이유는 외부에 있다는 것이다. 우리가 흥청망청 돈을 썼거나, 돈을 벌기 위해 일하지 않아서가 아니다. 우리는 평생 열심히 일하고 살았지만 외부적인 요건 때문에 어쩔 수 없이 가난해졌다.

2. 우리를 초라하게 만드는 것들

신자유주의 경제 정책이 외부적으로 자산 가치를 올렸다면, 내부적으로는 우리의 삶에 어떤 경제적인 위험을 불러일으켰을까?

이 질문에 대한 답을 찾기 위해 실험을 해보자. 첫 번째 실험은 연봉을 고르는 것이다. A라는 세상과 B라는 세상이 존재하는데, 둘 중에 하나를 선택할 수 있다. 세상 A에서 내 연봉은 6,000만 원이고, 다른 사람의 연봉은 8,000만 원이다. 세상 B에서 내 연봉은 4,000만 원이고, 다른 사람의 연봉은 3,000만 원이다. 당신은 세상 A와 세상 B 중에 어떤 세상에서 살고 싶은가? 아마도 세상 B에서 살고 싶다는 사람이 더 많을 것이다.

〈표 1〉 실험 1: 연봉

지위재

구분	세상 A	세상 B
내 연봉	6,000만 원	4,000만 원
다른 사람 연봉	8,000만 원	3,000만 원

이 실험을 바탕으로 하버드 대학교에서 논문을 발표했다. 그 결과를 보면 흥미로운 사실을 알 수 있다. 신자유주의가 지배하는 미국식 자본주의를 채택한 국가의 국민들은 세상 B를 선택했고, 미국식 자본주의를 채택하지 않은 나라들, 특히 중산층이 잘사는 핀란드와 네덜란드, 스위스, 스웨덴 등 북유럽 국가의 국민들은 대부분 세상 A를 선택했다.

미국식 경제를 따르는 국가의 국민들은 왜 세상 B를 선택했을까? 세상 A에서가 연봉이 많은데 세상 B를 선택한 이유는 내 연봉 자체가 중요하지 않고 다른 사람과 비교했을 때의 가치가 더 중요하기 때문이다. 이 실험 결과는 세상 B를 선택한 대한민국은 물론 일본과 미국과 중국에서는 상대적인 가치 기준이 중요하다는 것을 시사한다. 반면에 북유럽 국가의 국민들은 왜 세상 A를 선택했을까? 다른 사람과 비교할 필요 없이 남보다는 내가 더 소중하기에 내 연봉이 많으면 된다고 생각하기 때문이다.

두 가지 생각 중에 어느 것이 더 성경적인가? 하나님은 우리를 '존귀한 자요, 왕 같은 제사장'으로 부르셨다. 그런데 우리가 세상을 살다 보면 스스로를 존귀하게 느낄 기회가 별로 없다. 우리는 늘 비교당한다. 차의 종류와 크기 때문에 비교당하고, 집의 종류와 크기 때문에 비교당한다. 내 차보다 좋은 차를 탄 사람들은 왠지 차 문을 세게 닫는 것 같고, 좋은 차 옆에서는 왠지 문을 살짝 닫게 된다고 하면 너무 과장일까? 그만큼 다른 사람의 소유가 우리 삶에 영향을 주고 있다고 말할 수 있다.

우리 그리스도인들은 자신들의 삶의 기준이 말씀이고 예수 그리스도라고 고백하지만, 돈 문제와 연결되면 그 기준이 타인의 시선이 되어 버린다. 이 말을 조금 더 어렵게 표현하면 '참조 틀'(frame of reference)이라고 한다. 구체적으로 말하면, 참조 틀은 재화(goods)나 용역(service)을 구매할 때 각 사람에게 기준이 되는 사회적 인식의 틀로서, 어떤 물건을 살 때 '이 정도는 가져야 해. 이건 너무 비싸'라고 생각하는 사회적 틀의 기준이다.

자동차를 예로 들어 보자. 요즘 20-30대 신혼부부들에게 결혼해서 최소한 갖고 있어야 하는 차의 기준을 물어 보면 보통 준중형이나 2000cc 이상의 중형차를 말한다. 이 차들은 보통 2,500만 원에서 3,000만 원 정도 한다. 이런 선택을 하게 하는 기준이 참조 틀이다. 참조 틀은 나이가 40대 후반을 향해 가면서 자연스럽게 변화한다.

필자는 1995년 첫 직장인 현대자동차에 다닐 때 연봉이 1,500만 원으로, 월급이 120만 원 정도 되었다. 당시 차를 갖고 싶었지만 결국 사지 못했다. 돈이 없었기 때문이기도 했지만 더 중요한 기준은 당시 대부분의 신입사원들은 차가 거의 없다는 것이었다. 20년 전에는 회사에서 대리급이 되면 소형차를 탔고, 과장급이 되면 준중형차를 샀다. 신입사원이었던 필자는 굳이 차를 사지 않아도 힘들지 않았다. 왜냐하면 차를 사는 기준이 세상의 기준에 맞추어져 있었기 때문이다. 또래도 다 차가 없기 때문이었다.

20년이 흐른 지금 2017년 대기업 신입사원의 연봉은 4,000만 원이라고 쳐도 2배 이상 올랐다. 그런데 그동안 물가를 계산해 보면, 숫자는 2배가 올랐지만 물가를 제외한 실질임금은 오르지 않았다. 그러면 질문이 하나 생긴다. '20년 전에 나는 돈이 없어서 차를 사지 못했는데, 요즘 젊은 이들은 급여가 오르지 않았는데도 무슨 돈으로 차를 살까? 과연 그때와 지금은 무엇이 달라졌을까?'

두 가지가 달라졌다. 먼저, 참조 틀이 올랐다. 과거에는 차를 가지지 않아도 불행하지 않았는데, 지금은 차가 없으면 상대적으로 더 불행하게 느끼니까 돈이 없어도 차를 산다. 문제는 빚을 내서 차를 산다는 것이다.

신자유주의 경제로 인해 자산 가치, 교육비, 사교육비, 부동산 가치 등 모두 올라갔다. 반면에 급여는 올라가지 않았다. 그래서 힘들다고들 한다. 그런 상태에서 참조 틀마저 올라간 것이다. 물건을 구매할 때 기준이 되는 기준점 자체가 너무 많이 올라가 버렸다. 그럼에도 우리 모두는 빚을 내 무언가를 산다. 너도 빚, 나도 빚이다. 하나님을 믿든 안 믿든, 교회를 다니든 안 다니든 돈을 버는 모든 성도와 성도가 아닌 사람들은 빚으로 구매 행위를 하고 있다. 이것은 사회 전체를 무너뜨리는 일이다. 가정 경제가 여기서부터 힘들어진다. 신자유주의 경제 정책의 영향을 받아 내부적으로 올라간 마음의 참조 틀로 인해 소비지향적인 세상이 되어 버렸다.

또 다른 실험은 휴가에 대한 것이다. 세상 C는 나에게 4주의 휴가를 준다. 그런데 다른 사람에게는 6주의 휴가를 준다. 한편 세상 D는 나에게 2주의 휴가를 주고, 다른 사람에게는 1주의 휴가를 준다. 세상 C가 좋을까, 세상 D가 좋을까?

〈표 2〉 실험 2: 휴가

비지위재

구분	세상 C	세상 D
내 휴가	4주	2주
다른 사람 휴가	6주	1주

흥미롭게도 거의 모든 사람이 휴가에 대해서는 4주를 주는 세상 C를 선택했다. 집이나 차나 연봉의 경우는 내가 기준이 아니고 상대방과 비교해서 기준점을 삼지만, 휴가의 경우는 상대방이 6주이건 10주이건 상관없이 내 기간이 긴 것이 중요한 기준이 된다.

여기서 집, 차, 연봉을 전문 용어로 '지위재'라고 한다. 지위재란 다른 사람의 눈에 자주 관찰되고, 자신이 갖고 있거나 갖고 있지 않은 것을 손쉽게 비교, 평가받을 수 있는 재화라는 뜻인데, 실험 1이 바로 지위재에 대한 것이었다.

지위재는 성경적이라고 할 수 없다. 하나님은 우리에게 이 땅을 다스리고, 생육하고, 번성하라고 명령하셨다. 그런데 지위재의 개념을 들여다보면 이 땅에 굴복하고 그 기준에 따라서 살라고 한다. 말 그대로 그 자체에 '지위' 개념이 붙은 것이다. 따라서 누군가와 비교해서 차가 없거나 집이 없거나 그만한 연봉이 안 되면 자신이 없어지고 움츠리게 된다. 그리고 그 상황을 뛰어넘고 싶어 빚으로 무언가를 사고 만다. 하지만 휴가는 지위 개념과 상관없이 나 자신의 기준으로 누릴 수 있는 것이다.

3. 돈 때문에 힘들어진 삶, 탈출구는 어디에?

돈 문제는 우리가 현실에서 매일 부딪치는 아주 실제적인 삶의 문제다. 삶에서 맞닥뜨리면서 계속 싸워야 하는 부분이기도 하다. 앞서 살펴보았듯이 오늘날에는 외부적인 요인과 내부적인 요인 때문에 성도들의 삶이 굉장히 힘들어졌다. 그렇다면 돈 때문에 힘들어진 삶에서 어떻게 탈출구를 찾을 수 있을까?

가장 먼저, 세상의 참조 틀을 깨야 한다.

"너희는 이 세대를 본받지 말고 오직 마음을 새롭게 함으로 변화를 받아 하나님의 선하시고 기뻐하시고 온전하신 뜻이 무엇인지 분별하도록 하라"
(롬 12:2).

우리는 "너희는 이 세대를 본받지 말고"라는 말씀을 다시 한 번 가슴에 새겨야 한다. 내 월급으로 소비 생활을 하고, 집을 사고, 자녀 양육을 할 때 이 세대를 본받지 않는 방법이 무엇인지 고민해야 한다. 예를 들어, 오늘 내가 물건 하나를 사고, 아이 교육비에 투자할 때 세상이 무엇이라고 이야기하는지, 또 하나님이 무엇이라고 말씀하시는지 잘 분별해야 한다. 우리에게 분별력이 부족하기에 하나님의 기쁘신 뜻이 무엇인지 몰라 세상을 따라가 버리는 경우가 허다하다.

이제 우리는 이 세상이 던지는 메시지에 맞서 싸워야 한다. 이 세상은 "돈이면 전부다"라고 끝없이 이야기한다. 우리가 말씀 안에 서려고 하면 끝없이 돈으로 힘들게 하고 자존감을 무너뜨린다. 그리고 마귀가 은밀하게 속삭인다. "이 정도 돈은 있어야 돼. 이 정도도 없으면 너도 죽지만 너희 자녀들은 더 힘들 거야." 그 속삭임에 넘어간 우리는 우리 자신에게는 투자하지 않아도 자녀에게는 투자한다.

세상의 참조 틀을 깨기 위해서는 먼저, 신자유주의를 이길 만한 스스로의 내적 가치를 높여야 한다. 이 일은 말씀과 예배를 통해 끊임없이 성령의 은혜가 내주해야 가능하다. 자신의 존재를 말씀으로 확인받고, 믿음으로 확신해야 한다. 또한 세상의 참조 틀을 깨기 위해서는 어떻게 돈을 투자하고, 저축하고, 관리하는지에 대한 일반적인 은총들이 필요하다.

하지만 실제 삶에서 우리가 갖고 있는 참조 틀을 깨기란 쉽지 않다. 필자는 책을 내고 강의를 하면서 참조 틀을 깨라고 권면하는데, 가끔 스스로 움츠러들 때가 있다. 큰아이가 고등학교 1학년, 둘째 아이가 중학교

1학년 때 셋째 막둥이가 태어났다. 한번은 아내와 백화점에 갔는데, 동생에게 물려받은 조금 낡은 유모차를 끌고 갔다. 그런데 저쪽에서 해외 브랜드로 보이는 꽤 높은 유모차가 다가왔다. 빨갛고, 바퀴가 크고, 위에서 내려다볼 수 있는 값비싼 유모차였다. 우리 아이는 밑에서 쳐다보는데 상대편 아이는 높은 유모차 위에서 내려다볼 수 있는 유모차였다.

당시 거짓말을 전혀 안 하고, 아내와 필자는 지나갈 때 순간적으로 자연스럽게 고개를 숙였다. '돈에 대한 올바른 경제관념의 전도사'로 자청하는 필자조차도 막상 그런 상황에 부딪치면 움츠러들곤 한다. 그때 아내가 지나가면서 무엇이라고 했을까? "저 유모차 분명히 할부로 샀을 거야." 아내들은 이런 말이라도 해야 마음이 편한가 보다.

실제로 가격이 궁금해서 알아보았더니 200만 원씩이나 하는 고가의 유모차였다. 비록 막둥이를 키울 때는 하나님이 재물을 주셔서 여유가 있었지만, 그렇게 비싼 유모차는 사지 않았다.

삶에서 이런 순간을 마주친다면 어떻게 하겠는가? 먼저, 하나님의 말씀을 받고, 또한 세상의 참조 틀과 싸워야 한다. 돈을 쓸 때 가치가 있는지 고민하고, 세상의 기준이 아니라 하나님의 기준이 무엇인지 다시 한번 스스로에게 질문해야 한다. 이 두 가지를 온전히 실천해야 진정한 왕의 자녀로서 존귀하게 살 수 있다.

하나님은 우리 한 사람, 한 사람을 존귀하게 부르셨다. 하지만 세상은 끊임없이 다른 말을 한다. 남들만 한 집이 없을 때, 남들만 한 차가 없을 때, 아이들이 공부를 못할 때 "너희는 실패했다"라고 속삭인다. 우리는 마귀의 소리에는 귀를 닫고, 예수 그리스도를 향해서는 귀를 열어 놓아야 한다. 예수님은 그렇지 않다고 말씀하신다. 예수님은 우리 모두를 위해서 십자가에서 돌아가신 분이다. 하지만 우리를 향한 부르심은 각각 다르다. 다 다른 연봉을 주시고 모두 다르게 만드셨다. 그래서 그분 안에서 감사하고 세상의 기준을 떠나 분별하는 삶을 사는 것이야말로 주님을 기쁘시게 하는 일이다.

 돈 걱정 없는 인생 후반전을 위한 Tip 1

1. 우리가 열심히 일하고도 힘든 외부적인 이유는 신자유주의로 경제는 성장했지만 급여는 제자리이며, 국가가 부자가 되면서 자산이 올라갔기 때문이다.
2. 우리가 열심히 일하고도 힘든 내부적인 이유는 신자유주의의 영향으로 마음의 참조 틀이 상승해 소비지향적인 세상이 되었기 때문이다.
3. 돈이 전부라고 말하는 세상의 참조 틀을 벗어나 이 세대를 본받지 말고 하나님의 뜻을 따라 살아야 한다.
4. 돈을 쓸 때는 가치가 있는지 고민하고, 세상의 기준이 아니라 하나님의 기준이 무엇인지 다시 한 번 스스로에게 질문하라.

2장
적은 급여에도 빚지지 않고 살 수 있었던 비결

1. 위기를 극복하고 재정 전문가가 되기까지

말씀대로 살려고 노력하는 그리스도인들조차 돈에 있어서는 말씀과 분리되어 사는 경우가 많다. 그만큼 어려운 일이지만, 그럴수록 더욱 말씀대로 살아야 한다. 세상의 참조 틀을 벗어나 이 세대를 본받지 말고 하나님의 뜻을 따라 살아야 한다. 필자는 삶의 여정을 통해 그것이 얼마나 중요한지 몸소 배웠다.

필자가 왜 돈에 대한 책을 쓰고 강의를 하게 되었는지 많은 사람이 궁금해한다. 그래서 돈과 관련해 하나님이 필자에게 주신 여러 가지 은혜의 간증들을 나누고, 어떻게 어려운 환경에서 벗어날 수 있었는지에 대해 나누고자 한다.

1995년 10월 결혼한 후 1996년에 큰딸을 낳았다. 임신 7개월째 되었을 때 병원에서 초음파를 하고 나서 아이의 머리에 물이 차 있다는 사실을 알게 되었다. 교회에 다니지 않는 지인들과 심지어 성도들조차 우리를 위해서 낙태를 권유했다. 하지만 우리 부부는 하나님이 주신 생명이기에 그분의 뜻이 있을 것이라고 믿고 아이를 낳았다. 주위 사람들에게 기도를 많이 부탁해 기도 가운데 낳았다.

처음 아기를 안았을 때는 건강해 보였건만 의사는 약 6개월 정도밖에 살 수 없을지도 모른다고 했다. 필자의 첫 시련은 그렇게 큰딸에게서 시작되었다. 우리 부부는 기독교 동아리에서 훈련받았고, 교회도 열심히 섬겼으며, 선교 헌금도 많이 냈다. 하나님께 벌 받을 만큼 말씀을 떠난 행동을 하지도 않았고, 믿음으로 예쁘게 살려고 노력했다. 그런데 이처럼 큰 어려움이 찾아왔다.

당시 아이의 치료에 돈이 굉장히 많이 들어갔다. 가끔 경기를 일으켜 약을 먹여야 했고 계속 검사를 받아야 했기에 부모님의 경제적인 도움 없이는 감당할 수가 없었다. 감사하게도 아버지가 자동차 회사에 납품하는 제조업을 하셔서 집을 살 때 도움을 주셨고, 아이의 병원비도 보태 주실 만큼 재정적인 여유가 있으셨다. 그래서 필자는 대기업에서 일하다가 1997년에 아버지의 회사로 이직했다.

그런데 IMF가 닥치면서 아버지의 회사가 부도가 나 버렸다. 부모님은 20년간 사업해서 1억밖에 남기지 못하셨고, 필자에게는 간신히 2,000만 원을 주실 수 있었다. 32평 아파트였던 우리 집도 다 날아갔다. 집에 있는 물건들에는 모두 빨간 딱지가 붙었다. 당시 어머니는 눈물로 하루하루를 보내셨다.

우리는 2,000만 원을 손에 들고 1998년 4월 부산에서 서울로 올라왔다. 부산 사람끼리는 서울 사람들을 조심하라고 하는 말이 있었다. "조심하래이. 코 베어 간대이." 그래서 서울로 오는 것이 두려웠다. 아픈 아이가 있어서 힘들었고, 경제적으로 버팀목이 되어 주셨던 부모님이 안 계시니 더 두려웠다. 서울에는 아는 사람도, 친척도 아무도 없었다. 그렇게 아픈 아이를 업고 서울로 올라왔다.

처음에 잠을 청했던 곳은 종로에 있는 일본식 쪽방이었다. 마당이 넓고, 쪽방이 6개 정도 있고, 공동 화장실을 사용하는 집이었다. 쪽방에 아내가 눕고 딸이 누우면 필자는 겨우겨우 칼잠을 자야 했다.

어려서부터 별 어려움 없이 자랐고, 아버지가 주신 돈으로 유학하며 편하게 공부했다. 할아버지 때부터 집안이 부유해서 한 번도 돈 때문에 고생을 해본 적이 없었다. 그런데 진짜 고생이 한꺼번에 몰려왔던 것이다. 처음에는 하나님을 굉장히 원망했다. "첫째를 낳은 것은 믿음으로 선택한 일인데, 왜 경제적인 어려움을 주십니까!"

가장의 원망에도 흔들리지 않고 우리 가정에 믿음으로 서 있던 사람은 바로 아내였다. 필자는 하나님을 잘 믿는 척했지만 내심 불안했는데, 아내는 아픈 아이를 데리고 견뎌 주었다. 한 번도 시아버지를 원망하거나 부도가 났다며 시댁을 원망한 적이 없었고, 남편을 무시한 적도 없었다.

그러던 1998년 4월, 2,000만 원짜리 쪽방으로 서류가 하나 날아왔다.

십몇억 원의 빚이 더 있어서 2,000만 원마저 가져가겠다는 내용이었다. 그 서류를 받고는 정말 두려움이 몰려왔다. 그 돈마저 다 뺏기고 나자 파산했다. 파산자가 되면 취직을 할 수가 없다.

'이제 어떻게 살아가야 할까?' 난생처음 돈에 대한 두려움이 몰려왔다. 그간 뒤에 항상 든든한 부모님이 계셔서 다 해주셨고, 필자도 돈을 벌었고, 아내도 돈을 벌었기 때문에 별 걱정 없이 여유롭게 살아왔다. 그런데 하나님이 하루아침에 모든 것을 다 가져가 버리신 것이었다.

처음에 서울에 왔을 때 아는 목사님이 안쓰럽다며 청년부 간사를 맡기셨다. 간사 사례비로 40만 원을 주셨는데, 얼마나 감사했는지 모른다. 청년부 간사로 섬기면서 전단지와 신문을 돌리는 아르바이트도 병행했다. 하나님은 필자에게 버리는 훈련을 시키셨다. 그 훈련은 무척 버거웠지만 아내와 예배를 드리면 주님이 위로의 말씀을 주셨다. "걱정 마라. 내가 너를 먹여 살린다. 걱정 마라. 내가 너를 절대 죽지 않게 할 것이다."

하나님의 위로를 받으면 믿음이 생겼고 마음이 편안해졌다. 하지만 집에 와서 밥을 해 먹으려고 하면 현실적인 생각들이 뇌리를 떠나지 않았다. 당시는 간사 사례비 40만 원과 전단지와 신문을 돌려서 받은 40만 원을 합해 80만 원이 손에 쥔 전부였다. 무슨 일을 할 때마다 돈 문제가 생기면 '하나님이 어떻게 먹여 살려!'라는 믿음 없는 생각이 불쑥불쑥 들었다.

그런 상황에서 원하지 않았는데도 하나님이 둘째 아이를 주셨다. '도대체 이렇게 힘든데 왜 생명을 주셨을까?' 하고 생각하니 너무 원망스러웠다. 아기가 태어나면 돈이 많이 드니까 임신 사실을 알게 된 우리 부부는 너무 놀라서 굉장히 당황했다.

그런데 나중에 세월이 흐르고 보니 둘째는 하나님의 축복이었다. 아픈 아이를 키우는 우리 부부에게 건강하게 태어나 때가 되면 말하고, 눈 마주치고, 걷는 둘째 아이는 어려운 환경을 버틸 수 있는 버팀목이 되어 주었다. 하나님은 둘째 아이를 통해 소중한 아내의 마음을 치유해 주셨고 우리 가정에 행복을 주셨다. 물론 돈은 여전히 없었지만 하나님이 우리를 인도하시는 방법은 오묘했다.

전단지를 돌리다가 나중에는 공공근로사업에 참여하게 되었다. 공공근로사업은 정부가 저소득 실업자들에게 한시적으로 공공 분야에 일자리를 마련해 생계를 보장해 주는 구제 정책 가운데 하나다. 필자는 공공근로로 과천 시청 앞에서 풀 뽑는 일을 하게 되었다.

하루는 풀을 뽑는데 허리가 아프고 너무 힘이 들었다. 차라리 잠깐 신문을 돌리는 편이 낫겠다고 생각될 정도였다. 공공근로로 하루 종일 일하고 받은 돈이 당시 60만 원이었다. 물론 전체 소득이 20만 원 올라가기는 했지만 너무 힘들어서 하루는 아내에게 일을 하라고 말했을 정도였다. 아내는 약사였는데, 첫째가 태어나자 약사로서의 꿈을 접고 딸을 돌보는 것을 비전으로 삼고 돈을 벌지 않겠다고 했다.

필자가 풀을 뽑으면 60만 원을 버는데, 아내가 나가면 200만 원은 버니까, 사실 아내가 일하는 편이 재정적으로는 더 나았다. 그래서 아내가 기꺼이 일하러 나갈 줄 알았다. 그런데 아내는 예상과 달리 믿음의 말을 했다. "여보, 그 돈으로 충분해요. 힘들지만 하나님의 뜻과 이유가 있을 테니까 여기서 견뎌요."

당시 얼마나 가난했던지 예를 들어서 말하자면, 딸아이한테 치즈 한 장 사 줄 돈이 없었다. 세 살짜리 둘째 아이가 친구 집에 가서 치즈 하나를 얻어먹고 올 정도였다. 그만큼 힘들었는데도 아내는 꿈쩍도 하지 않고 약사 일을 하지 않았다. 하나님이 우리에게 맡기신 일을 충실히 이행하자고 했다. 그래서 다음 날 이를 악물고 풀을 뽑으러 나갔다. 그렇게 순종하는 마음으로 나갔더니 하나님이 필자를 계속해서 좋은 길로 인도해 주셨다.

중요한 것은 우리에게 위기가 닥쳐왔을 때 세상의 참조 틀을 깨기 위해 말씀을 듣고 예배를 온전히 드리는 것이다. 또 하나는 부부가 하나 되고 가정이 화합하는 것이다. 만약 당시 아내가 약사 일을 했다면 급여는 더 많이 받았겠지만, 지금의 필자는 없었을 것이다. 지금은 필자가 몇 배로 많이 번다. 따라서 어떤 순간에도 하나님의 뜻이 있다고 믿어야 한다.

2. 걱정 마라. 하나님이 먹여 살리신다

공공근로로 과천 시청에서 일할 때 시청 사람들이 컴퓨터를 다루는 데 어려움을 겪고 있다는 사실을 알게 되었다. 그때 지나쳐도 되었지만 가서 도와주고 싶었다. 그래서 슬리퍼를 신고 운동복을 대충 차려입은 채로 약 30분 정도 도와주었다.

그때 관계자 한 명이 필자에게 누구인지 물었고, 풀 뽑는 공공근로를 하는 사람이라고 말했다. 그분은 다시 자기네를 도와줄 만큼 컴퓨터 실력이 있는데 왜 공공근로를 하냐고 물었다. 필자는 사정을 대략적으로 이야기해 주었다. 그 후 과천 시청의 전산 입력부에 들어가게 되었다. 땡볕에서 풀을 뽑다가 잠깐, 약 30분 도와주고는 사무실에서 일하게 되었던 것이다. 마음을 좋게 먹으면 하나님이 길을 열어 주신다.

그때부터 과천 시청의 전산 입력부에 있다가 나중에는 과천 직원들을 대상으로 MS 오피스, 워드프로세스, 엑셀, 파워포인트 등을 가르쳐 주었다. 공공근로 시간에 하는 일이라 급여는 달라지지 않았지만 주님이 주신 일이라고 생각해 최선을 다해서 열심히 했다. 그러자 하나님이 안양에 있는 한 중학교의 방과 후 특활 컴퓨터 교사로 인도해 주셨다. 급여가 100만 원 정도로 올랐다. 또 열심히 아이들을 가르치다 보니까 복지관에서 주부들을 대상으로 인터넷을 가르치는 일을 하게 되었다. 인터넷이 한창 뜨던 2000년쯤이라 약 5년 정도 열심히 일할 수 있었다.

그러다 보험 설계 영업을 시작했는데, 6개월을 하면서 하나님이 마지막 자존심까지 내려놓게 하셨다. 그때까지만 해도 자존심만은 살아 있었다. 그런데 보험을 하면서 참 많이 무시당했다. 우리나라에서 보험인이 그렇게 무시당하는 직업인지 그전까지는 미처 몰랐다.

필자는 인상이 좋아서 주부들이 많이 좋아했는데 보험 설계를 한다고 하니까 문도 열어 주지 않았다. 한번은 약속을 하고 나갔는데도 전화도 받지 않고 초인종을 눌러도 나오지 않았다. 1시간 동안 밖에서 서성이니까 그제야 어쩔 수 없이 집에서 나와 만났다. 그 순간 하나님은 남은 자존심까지 내려놓게 하셨다. 그리고 비로소 하나님이 필자를 세우기 시작하셨다. 한 종합재무자산관리회사로 이직하게 되었고, 그때부터 하나님이 길을 열어 주셨다.

이것은 특별 은총에 관한 이야기다. 가난하고 힘들었던 5년이라는 고난의 시기에 우리 가족이 느낀 것은 주님이 우리를 확실히 책임지신다는 것이었다. 하나님의 백성인 우리가 힘들고 어렵다고 끝까지 가 보지도 않고 지레 두려워서 빚을 먼저 내면 주님의 채워 주심을 경험하지 못하게 된다. 하나님은 우리의 먹고사는 것을 책임지신다. 이 사실부터 믿어야 한다.

물론 세상은 "이 정도는 있어야 된다"라고 말한다. 하지만 절대로 그렇지 않다. 하나님은 우리를 절대로 죽게 내버려 두지 않으신다. 이것이 바로 하나님의 특별 은총이다.

또 한 번 특별 은총을 경험한 적이 있었다. 약사 면허증이 있는 아내는 부산에서 큰딸을 볼 때 오빠의 제약 회사에 일주일에 한두 번 정도 나가서 일을 했다. 외국에서 약이 들어오면 구분해 주는 일을 하고 80만 원을 받았다. 그런데 서울에 올라와서 일을 하지 않았는데도 어찌 된 영문인지 80만 원이 들어왔다. 마음이 복잡해졌다. 우리 가족이 먹고사는 데는 필자가 버는 80만 원으로 되었는데, 큰딸 치료비가 80만 원 정도 들어서 우리도 어느새 자연스럽게 그 돈을 쓰고 있었다.

그런데 한 번은 설교를 듣는 중에 하나님이 그것마저도 내려놓고 정직하게 돈을 벌라는 말씀을 들려주셨다. "남을 힘들게 하거나 거짓되게 해서 십일조나 교회 헌금을 내지 마십시오. 사업을 하시는 분들은 직원들에게 잘해 주십시오. 그들을 착취해서 교회에 돈을 가져오지 마십시오."

그 후 우리 부부의 마음에 동일하게 부담이 생겼다. 전단지와 신문을 돌리면서 힘들게 돈을 벌 때였기 때문에 현실을 생각하면 결정하기가 너무 어려웠다. 그 80만 원은 큰딸 병원비였는데, 어떻게 쉽게 내려놓을 수 있었겠는가! 그때 아내와 함께 내려놓자고 마음을 모았고, 하나님이 하실 것이라고 믿었다.

그렇다고 두렵지 않았다면 거짓말이다. 내려놓긴 내려놓았는데 계속 너무 두려웠다. 아내는 덤덤했는데 오히려 필자가 더 많이 조바심을 냈다. 그리고 일주일 후 과천의 사회복지사가 우리 집을 방문해서 상황을 보고는 생활보호대상인 수급자로 선정해 주었다. 나중에 알고 보니 전단지를 돌리는 사무실 국장님이 교인이셨는데 우리 집 상황이 너무 딱하니까 도울 방법이 있는지 알아봐 달라고 하셨단다. 당시 우리 집 상황은 빚이 십몇억에, 한 달에 겨우 80만 원을 벌고, 아이는 1급 중증 장애를 앓고 있었다. 큰애는 말도 잘 못하고, 잘 보지도 못할 만큼 중증이었다.

우리가 의료보호대상자 1급이 되면서 큰애는 물론 우리 가족 모두의 병원비가 들지 않게 되었다. 아내의 약사 면허증에 대한 급여 80만 원을 내려놓으니 하나님이 일주일 뒤에 수급자로 선정해 4인 가족 기준의 기초생활비 98만 원을 주셨다. 약사 면허증으로 벌었던 80만 원보다 국가가 18만 원을 더 주었던 것이다.

그때 예배를 드리면서 정말 많이 울었다. 우리가 하나님이 원하시지 않는 것을 내려놓을 때 하나님은 결코 우리를 버리지 않으신다는 믿음을 지킬 때 하나님이 일하신다. 그 믿음으로 우리 가족은 여기까지 올 수 있었다. 하나님은 믿음을 올려 드리는 자를 살리시고 먹이시는 등 특별 은총을 베푸시는 분이다.

돈 이야기를 하다가 필자가 간증을 한 이유는 우리 모두에게 이런 간증이 필요하기 때문이다. 우리가 믿음으로 살았을 때 하나님이 역사하신 간증이 많이 있어야 한다. 오늘날 그리스도인들은 돈 문제와 관련한 간증들이 별로 없다. 오히려 하나님이 물질을 주지 않으셨는데 욕심으로 빚을 져서 사 놓고는 하나님께 돈 내놓으라는 식의 잘못된 기도를 한다.

하나님은 먹을 것을 주시는 분이다. 절대로 주눅 들지 말고, 하나님을 믿고 끝까지 가라. 그러면 필자의 간증과 같이 모두가 특별 은총을 경험하게 될 것이다.

3. 빚지지 않고 사는 훈련

가난과 고난에서 벗어나기 위해서 우리가 할 일은 하나님이 주신 것에 만족하고, 그 안에서 사용하는 훈련을 하는 것이다. 우리 부부는 아무리 어려워도 빚을 지지 말자고 약속했다. 그래서 지금까지도 신용카드가 없다. 둘째 아이 돌잔치를 해야 하는데 돈이 없으니 기다렸다. 빚을 지지 않고 사는 훈련을 한 것이다.

요즘 젊은이들은 전세비가 오르면 빚을 진다. 주님이 2,000만 원을 주셨으면 2,000만 원짜리 집에서 살아야 한다. 열심히 벌어서 4,000만 원을 모았다 치자. 그 사이 전세도 올랐을 것이다. 그때 빚을 지지 않고 좁은 집 전세로 옮겨야 한다. 새로운 집에서 어떤 모양으로 사는지가 더 중요하다. 하나님께 어떤 예배를 드리고, 어떻게 하나님의 기쁨이 되는가가 더 중요하지, 무조건 넓은 집이 필요한 것은 아니다.

우리 부부는 하나님의 은혜로 먹고살았지만, 동시에 최선을 다해 절제하는 훈련을 했다. 주님이 주시지 않으면 쓰지 않았다. 그러자 지금은 필자가 방송에도 나가고 책도 쓰면서 주님이 그 많은 빚을 다 갚게 하셨다. 하나님이 주시는 은혜의 한 방이 있는 것이다.

가정에 여유가 생기면서, 아내에게 약국을 하고 싶은지 물어보았다. 그러자 아내는 셋째 아이를 낳자고 했다. 그래서 셋째 아이를 가졌고, 돌잔치를 해주었다. 첫째 아이는 아파서 돌잔치를 못했고, 둘째 아이는 돈이 없어서 못했는데, 셋째 아이는 드디어 돌잔치를 해줄 수 있었다. 우리 가족의 '첫 돌'이었다. 첫 돌 예배 때 고생했던 시절이 주마등처럼 스치고 지나가면서 참 많이도 울었다.

교인들이 다 와서 함께 예배를 드렸는데, 셋째 아이의 돌잔치가 축제가 되었다. 필자가 서울에 올라오고 나서 15년 동안 어떻게 살았는지 다 지켜보신 분들이기에 함께 울며 예배를 드렸다. 우리 가족이 여기까지 온 것은 하나님의 살아 있는 역사였다. 그래서 셋째 아이를 낳고 예쁘게 키우며 살고 있다.

그동안 우리가 견뎌 낼 수 있었던 것은 주님이 주신 급여 안에서 빚지지 않고 견디며 살았기 때문이었다. 사실 얼마나 힘들었는지 모른다. 차가 없어서 과천에서 교회가 있는 강동구까지 지하철로 이동했다. 무거운 아이를 휠체어에 태우고 수요 예배와 금요 예배와 새벽 예배를 빠지지 않고 다녔다. 주님이 돈을 주시지 않으면 차도 사지 않고, 집도 옮기지 않았다. 고생을 감당하면서 살아 냈다. 지금은 주님이 급여를 많이 주시고 필자를 많이 높여 주셨지만, 한편으로 혹시 옛날로 돌아갈까 봐 두려운 마음이 남아 있다.

우리 가정은 한동안 중곡동에 살았다. 교회가 분립, 개척되면서 아내와 함께 120명 되는 교회로 옮겼고, 교회 중심으로 살겠다고 결심하면서 송파 지역에서 중곡동으로 이사를 갔다. 필자가 다니는 회사가 강남인데 거리가 꽤 멀었다. 그래서 돈 좀 있는 분들은 왜 그 동네에 사느냐고 물어보기도 했다. 자녀 교육 문제가 불거지기도 했다. 하지만 그분들의 생각과 달리 우리 가족에게 중요한 것은 교육과 돈 문제가 아니라 예배였다.

그러고 나서 선택한 집이 32평 아파트였다. 하지만 우리 가족이 살기에는 비좁았다. 큰딸이 아프고 셋째 아이를 낳았기에 도우미 아주머니가 입주해 도와주셨는데, 그분이 방 하나를 쓰셔야 했다. 큰딸의 치료 기구에, 중 2라 예민한 둘째 아이에, 늦둥이 셋째 아이, 강아지까지 일곱 식구가 살기에는 집이 좁았다.

이사를 하면서 큰애가 휠체어를 타고 왔다 갔다 할 수 있는 집을 달라고 기도했는데, 하나님이 32평짜리 집을 주셔서 사게 되었다. 더 넓은 곳으로 가고 싶었지만 우리 부부는 아파트를 저렴하게 구입하면서 그냥 불편하게 살기로 결정했다. 돈이 있어도 만족하며 살자고 했다. 남은 돈을 더 귀하게 쓰면 하나님이 더 예쁘다고 하실 것이라는 믿음이 있었다.

3년 전 큰딸 희은이는 하늘나라로 갔다. 그리고 지금 둘째 아이 민수가 고 3이 되었고, 늦둥이 민하는 6살이다. 작년에 우리 가족은 하남 미사강변 신도시로 이사를 왔다. 물론 지금도 회사가 강남에 있어서 필자를 아끼는 고객들은 모두 늦둥이 민하를 위해서 강남으로 이사를 오라고 한다. 감사하게도 지금은 강남의 웬만한 아파트를 구매할 돈도 있다. 하지만 우리 부부는 희은이를 하늘나라로 보내고는 노후에 하남에서 늦둥이를 건강하게 키우면서 살기로 했다. 하나님이 주신 참조 틀로 노후 계획을 세운 것이다.

집에 대해 세상의 참조 틀이 우리를 흔들어 놓을 수 있다. "왜 작은 집에 사느냐? 아이 교육을 위해 학군이 좋은 지역으로 이사를 가야 한다" 등의 말들이 우리의 참조 틀이 될 수 있다. 하지만 행복한 삶은 하나님의 인도하심을 따라 수준에 맞게 사는 삶이다. 지금 우리 가족은 아주 행복하게 살고 있다. 하나님이 필자에게 많은 돈을 주셔서 잘못된 길로 갈 수도 있지만, 주님의 은혜에 감사하고 만족하면서 한계를 정해 살고 있다. 필자의 인생을 살리시고 인도하신 주님이 모든 성도에게도 동일하게 역사하실 줄 믿는다.

하나님은 우리를 절대로 죽게 내버려 두지 않으신다. 하지만 돈을 아끼고 잘 관리하는 우리의 노력 역시 매우 중요하다는 사실을 명심해야 할 것이다.

돈 걱정 없는 인생 후반전을 위한 Tip 2

1. 가난과 마주할 때 두려워하지 말고 하나님을 바라보라. 하나님이 우리를 먹여 살리신다.
2. 우리가 내려놓을 때 하나님이 우리의 삶을 책임지신다. 절대 주눅 들지 말고, 하나님을 믿고 끝까지 가라.
3. 돈을 아끼고 관리하라. 주님이 돈을 주시지 않으면 차도 사지 말고, 집도 옮기지 말라.
4. 가난에서 벗어나기 위해 할 일은 아무리 어려워도 빚을 지지 말고 하나님이 주신 예산 내에서 사용하는 훈련을 하는 것이다.

3장
예산 설계, 한번 따라 해 보면 쉽다

1. 기회비용, 줄줄 새는 돈을 잡아라

과거에 자산 가치가 한창 올라간 시기에는 부동산이든 주식 시장이든 투자만 하면 자산을 늘릴 수 있었다. 10-20년 전만 해도 빚을 조금 지고 부동산을 사면 부동산 가격이 올랐다. 그런데 이제는 투자할 곳이 별로 없고, 잘못 투자했다가는 큰일 나는 시대가 되었다.

신자유주의가 금융 위기로 무너졌기에 이제 투자의 개념이 아닌 새로운 경제 패러다임이 나와야 하는데, 별다른 출구가 없어 보인다. 재테크로 대박을 보는 시대는 끝났다고 본다. 2017년 현재 국내총생산(GDP) 성장률이 2.6%에서 2.7%인데, 재테크로 대박이 나려면 10% 정도는 되어야 한다. 이러한 시대에는 주어진 급여를 가지고 어떻게 돈을 관리하고 예산을 세우는지가 더욱 중요하다.

다음은 우리가 살아가면서 돈이 필요한 항목들을 정리한 것이다.

〈표 3〉 살아가면서 돈이 필요한 항목

행복 지수	
투자	노후 자금
기회비용	결혼 자금
지출 관리	대학 등록금
능력	자녀 사교육비
	내 집 마련
	차량 구입

표에는 '차량 구입'이라는 항목이 포함되어 있는데, 차는 새것이든 중고이든 있으면 편리하므로 항목에 넣었다. '내 집 마련' 항목도 있는데, '내 집은 평생 하나 있어야 한다'라는 것이 필자의 지론이다. 나중에 노후의 보루로서 주택 연금을 탈 수 있기 때문이다. 따라서 필자는 집이 없는 것보다는 돈을 잘 모아 두었다가 '때가 되면' 집을 사라고 조언한다.

'자녀 사교육비'와 '대학 등록비' 역시 준비해 두어야 한다. 상담을 해 보면 부모들이 대학 등록금을 준비하지 않은 탓에 아이들이 사회에 나와서 학자금 대출을 갚느라 힘든 삶을 살아가는 경우를 종종 듣게 된다. 전문가의 소견으로는, 부모가 학자금까지는 준비해 주는 것이 좋다. 그리고

'노후 자금'이 필요하다.

모든 항목이 다 돈이다. 그런데 문제는 표의 왼쪽 하단부에 표시되어 있는 우리의 '능력'이다. 이 항목들을 물통이라고 생각해 보면, 각각의 물통을 급여로 채워야 한다. 따라서 행복한 자산 관리를 하려면 우선 땀 흘려 일해서 받는 급여가 재테크보다 더 중요하다.

백세 시대가 열렸다. 은퇴하고 나서 40-50년을 더 살아야 한다. 노후의 삶은 준비되지 않은 경우 축복이라고 할 수 없다. 노후 문제는 단지 금융 상품 하나와 보험 상품 하나에 가입한다고 해결할 수 있는 것이 아니다. 어디에서 어떤 일을 섬기면서 즐겁게 살 것이냐가 관건이다.

예전에는 은행에 1억 원을 넣어 놓으면 한 달에 이자가 80만 원이 넘었는데, 2017년에는 17만 원으로 떨어졌다. 필자가 섬기는 교회의 장로님 중에 자신이 은퇴한 분야에서 좋아하는 일을 하면서 한 달에 100만 원씩 버는 분이 계신다. 급여 자체는 얼마 되지 않지만 행복하게 일하고 돈을 버시는 것이다. 장로님은 필자에게 이렇게 말씀하셨다. "팀장님 말대로, 제가 한 달에 100만 원을 버니까 은행에 넣어 놓은 10억의 이자가 나오는 거네요."

이처럼 자신의 능력을 키우고 일하는 것은 매우 중요하다. 많이 버는 것보다 적게 벌더라도 길게 벌어야 한다.

행복한 가정 경제를 만들려면 첫 번째로, 자신이 좋아하는 일을 하고 있는지가 중요하다. 자신이 어떤 은사가 있는지 알아보고, 그 은사를 활용해 돈을 버는 것이다. 한 달에 50만 원밖에 벌지 못한다 해도 괜찮다.

짧은 기간 몇백만 원 벌기보다는 50만 원에서 100만 원이라 할지라도 길게 벌면 축복이다. 무엇보다 돈을 버는 자신이 좋아하는 일을 끝까지 한다는 점이 중요하다.

우리나라 국민총소득이 2016년 기준으로 2만 8,000달러인데, 이는 4인 가족이 1억은 벌어야 서울에서 살 수 있다는 말이다. 그런데 대부분의 가정이 1억을 벌기란 쉽지 않다. 그러면 어떻게 할까? 다 빚이 된다. 예전에는 그 차이를 메우기 위해 재테크를 했는데, 요즘에는 재테크로는 불가능하다. 재테크로 성공하려는 것보다는 능력이 우선이다. 누가 전문성과 자기 경쟁력을 가지고 소득을 계속 이어 가는지가 중요하다. 물론 그리스도인인 우리에게는 일에 대한 소명이 먼저인데, 소명을 능력으로 보면 된다.

능력 다음으로 중요한 것은 지출 관리와 기회비용이다. 이제 재테크보다는 절약이 더 중요한 시절이 되었다. 저금리 시대이기에 옛날만큼 투자할 곳이 많지 않아서 돈을 아껴야 한다. 현재도 저금리가 계속 이어지고 있기에 이자 2-3만 원을 받기보다는 아끼는 편이 훨씬 더 중요하다. 1,000만 원을 은행에 넣어 놓으면 월 이자가 커피 세 잔 값 정도인 1만 5,000원이 나온다. 물론 그렇다고 돈을 막연하게 아끼는 것도 능사가 아니다. 지출을 관리하고 통제하는 예산을 세워야 한다.

그러면 지출 관리와 함께 중요한 기회비용이란 무엇인가? 어느 집사님을 상담하는데, 세금까지 포함해서 5,000만 원 정도 하는 최고급 SUV 차량이 사고 싶다고 했다. 40대 중반인 그분이 모아 놓은 돈은 1,500만 원이 전부였다. 그러면 나머지 3,500만 원은 빚이 되는 것이었다.

그리스도인들은 '빛'과 '소금'으로 살아야 한다. 그런데 실상은 어떠한가? '빛'과 '속음'으로 살고 있다. 세상에 속아서 세상의 기준으로 빚을 지며 살고 있다. 그래서 그분께 1,500만 원에 맞는 SUV 중고 차량을 사라고 조언해 드렸다. 그분은 3,500만 원의 빚을 지고 새 차를 살 수도 있고, 있는 만큼 만족하고 중고차를 살 수도 있다. 만약 빚을 지지 않고 자기 형편에 맞게 중고차를 선택하게 되면 무엇이 생길까? 3,500만 원에 대한 이자를 내지 않아도 되고, 이자를 저축할 수 있는 기회가 생긴다. 이것을 기회비용이라고 한다.

우리가 돈을 쓸 때 수많은 기회비용이 생긴다. 돈을 목적 없이 모으면 불필요한 지출이 반드시 뒤따른다. 예를 들어, 다음 달에 적금으로 모아 놓은 돈 2,000만 원을 탄다고 치자. 기분이 좋아서 집에 있는 김치냉장고가 멀쩡한데도 김치냉장고를 보러 간다. 언젠가 친구 집에서 친구가 4단 김치냉장고에서 허리를 숙이지도 않은 채 김치를 꺼내는 모습이 떠오른다. 김치냉장고는 저렴한 제품부터 값비싼 제품까지 종류가 무척 많은데, 목적 없이 모은 돈 2,000만 원을 타면 값비싼 김치냉장고를 보고 있는 자신을 발견하게 될 것이다.

우리는 물건을 살 때 이것을 살 수도 있고, 저것을 살 수도 있는데, 어디에 만족하느냐가 중요하다. 흔히 필요 없는 기능인데도 좋은 것이 좋은 것이라며 비싼 물건을 사게 되기 쉽다. 만약 그 돈을 전부 모아 보면 아이 대학 자금이 나올 수도 있다. 평생 살면서 차를 바꾼 것과 잘못 투자해서 날린 돈을 모아 놓으면 자녀 학비와 노후 준비까지도 가능할지 모른다.

하나님은 우리에게 필요한 물질을 주시는데, 우리가 세상에 속아서 돈을 허투루 쓸 때가 많다. 이것이 바로 지출 관리와 기회비용의 문제다. 이 일을 효율적으로 하기 위해 무엇보다 중요한 것이 바로 예산이다.

2. 가계부 작성보다 통장 쪼개기부터

돈을 관리할 때 가장 좋은 습관은 가계부를 쓰는 것이다. 하지만 가계부를 쓰지 않다가 갑자기 쓰려면 쉽지 않다. 따라서 사실 가계부를 쓰는 것보다 예산을 세우는 일이 더 중요하다. 예산이란 통장을 나누고 그 안에서 있는 만큼만 쓰는 훈련을 말한다. 구체적으로 살펴보면 다음과 같다.

급여를 받으면 예산을 쪼개서 계획하는데, 이때 통장을 나눠서 사용하는 것이 좋다. 이를 일명 '통장 쪼개기'라고 부른다. 스스로 소비를 절제할 수 있는 사람들은 굳이 통장 쪼개기를 하지 않아도 된다. 하지만 그렇지 않은 사람들은 이 방법으로 관리하면 도움이 된다.

우선 생활비 통장이 하나 필요하다. 그 통장에 체크카드 두 개를 만들어 남편과 아내가 하나씩 나누어 갖는다. 외식비, 관리비, 수도세 등 집에서 쓰는 지출은 생활비 통장에서만 사용하고, 통장에서 생활비가 빠져나갈 때마다 휴대 전화에 문자가 오도록 설정해 놓는다. 지출될 때마다 문자를 받으면 조금 서글플 수 있지만, 필요한 돈을 모으기 위해서라면 그 정도는 감당해야 한다.

그다음에는 부부 각자가 사용할 용돈과 자녀 교육비 등을 각각의 통장에 나누어 넣는다. 그렇게 자금을 분산해 놓고 예산 범위 내에서만 돈을 쓰는 훈련을 해야 한다. 용돈이나 생활비를 다 쓰면 남은 기간 견뎌야 한다. 냉동실에서 만두를 꺼내 먹더라도 절대 신용카드를 쓰지 않고 주님이 주신 한도 내에서 견디는 것이다. 이렇게 지출 관리를 하고 기회비용을 만드는 일은 평생 훈련해야 하는데, 그 출발점이 바로 예산 세우기다.

통장 관리를 할 때 대부분은 정기적인 지출에 대한 관리는 비교적 잘하는 편이다. 어려운 부분은 비정기 지출 관리다. 상담할 때 매월 지출되는 내용을 알아 오라고 하면 잘 기록해서 가져온다. 생활비, 외식비, 수도세, 통신비, 교통비, 용돈, 문화생활비, 의료비, 헌금, 이자, 보험료 등이 정기 지출 내용이다. 그런데 질문을 바꿔서 작년에 정기 지출 외에 1년 동안 지출된 내용들을 정리해 오라고 하면 대부분 기록해 오지 못한다. 경조사비, 여행비, 옷값, 알게 모르게 나간 돈, 명절 비용, 부모님 생신 비용이 비정기 지출이다.

정기 지출은 비교적 잘 유지된다. 그런데 열심히 모아 놓은 돈이 쉽게 빠져나가 버리는 이유는 비정기 지출 때문이다. 따라서 비정기 지출도 반드시 예산을 세워야 한다. 1년 예산을 세울 때 1년간 비정기 지출이 얼마 정도 될지 대강 계산한 다음에 비정기 지출 비용을 통장에 따로 모아서 월별로 사용하는 것이 좋다. 즉 명절과 지출이 많은 가정의 달 5월에 나갈 지출을 예측한 범위 내에서 통장에 넣어 두고 그 돈을 쓰도록 한다.

또 하나 지출 관리에서 중요한 문제는 신용카드 사용이다. 우리 집에는 신용카드가 없다. 믿음의 눈으로 봤을 때 신용카드가 있으면 무엇을 놓치게 될까? 하나님이 남편을 통해서 급여를 주실 때 온전한 급여를 제대로 받아 본 적이 드물 것이다. 왜냐하면 땀 흘려 일한 대가로 주님이 물질을 주셨는데 '신용카드님'이 다 뺏어 갔기 때문이다. 그래서 우리는 하나님이 주신 기쁨을 제대로 누릴 수가 없다.

필자는 많은 그리스도인에게 신용카드를 없애라고 이야기한다. 그러면 당장 막아야 하는 카드비는 어떻게 해야 하느냐고 묻는다. 먼저 단기 부채부터 갚아야 한다. 신용카드 할부금과 지난달에 쓴 내역을 다 계산해서 적금을 깨서라도 다 갚는다. 다 갚으면 신용카드비가 줄어들고, 몇 달이 지나면 남편이 가져오는 급여로 온전하게 한 달을 쓸 수 있으며, 제대로 된 예산을 세울 수 있게 된다. 신용카드가 있으면 돈이 얼마나 빠져나갈지 모르기 때문에 예산을 온전히 세우지 못한다. 이것이 지출 관리와 기회비용을 이용할 때 예산을 세우는 방법이다.

지출 관리를 잘해 기회비용을 잘 만들고 있는 한 가정을 소개하고 싶다. 그 가정의 형제들 4명은 부모님을 모시고 4년마다 1,000만 원짜리 여행을 간다. 1,000만 원을 어떻게 모았을까? 형제들이 매월 외식비를 아껴 5만 원씩 모았다. 4명이면 한 달에 20만 원이고, 1년이면 240만 원, 4년이면 원금만 960만 원이다. 그렇게 모은 1,000만 원으로 여행을 가서 즐겁게 시간을 보내고 오면 외식비를 아껴 모은 돈에 대한 기쁨과 보상을 느낄 수 있다.

사실 요즘 5만 원으로는 4인 가족의 외식을 제대로 할 수도 없다. 이렇게 가치가 없는 적은 돈을 잘 모아서 여행 비용을 만든 것이다. 한 가족이 사용하기에 가치가 크지 않은 5만 원에 동기와 목적을 부여해서 일정 기간 모으면 1,000만 원짜리 여행이라는 멋진 보상이 생긴다. 한편 지출 관리를 엉망으로 하면 여행을 갈 수 있는 여윳돈이 결코 모이지 않는다. 지금이라도 지출 관리를 잘하면 한 달에 5만 원 정도는 모을 수 있을 것이다. 5만 원을 아끼는 것이 지출 관리의 비밀이다.

이처럼 평생 기회비용을 만들고, 예산 범위 내에서 지출 관리를 하면 남는 돈이 생긴다. 이 돈으로 투자를 잘해야 한다. 이제는 예전 같지 않아서 투자에 실패할 확률이 높다. 굉장히 복잡한 상품도 많고, 투자할수록 점점 어려워진다. 투자에 대해서는 4장에서 적금, 보험, 펀드로 나눠서 투자 이론을 설명할 텐데, 실패하지 않는 투자의 핵심은 바로 욕심을 버리는 것이다. 욕심이 크면 투자가 실패할 가능성이 크다.

3. 행복 지수, 돈 그 이상의 것

살아가면서 돈이 필요한 항목을 표로 정리해 지출 관리와 기회비용에 대해 알아보았다. 그중에서 돈과 관계되지 않은 나머지가 행복 지수다. 이 물통은 급여만으로는 채워지지 않기에 빈 공간을 남긴다. 이 공간은 기회비용과 지출 관리, 또는 적절한 투자로 메워질 수 있다. 하지만 그래도 부족할 수 있다. 우리가 삶을 살아가는 동안 다른 사람들과 비교해 좋은 집과 차를 소유하지 못할 수도 있다. 하지만 이때 필요한 것은 가정의 행복 지수를 높이는 것이다.

행복 지수는 어디에서 오는 것일까? 행복 지수는 주님이 채워 주신다. 믿음과 말씀이 있으면 우리의 내적 가치가 높아진다. 또한 가족 구성원 모두가 말씀 안에서 성령 충만하면 화목해진다. 가정이 화목하면 가족 구성원들의 행복 지수도 더불어 높아진다.

필자는 노후와 관련해서 "자식을 버려야 부모가 산다"라는 내용을 강조한 책을 썼다. 대한민국의 10대와 20대가 부모의 잘못된 교육관 때문에 얼마나 많은 고통을 당하고 있는가. 부모가 교육비를 엄청나게 쏟아붓고 있는데 정작 아이들은 행복하지가 않다. 그런데 현실은 그렇게 고통받으면서 공부해 대학을 나와도 직장을 구하기가 쉽지 않다는 것이다. 좋은 대학에 갔고, 좋은 기업에 취직했을지라도 40대 중반이 되면 또 왔다 갔다 한다. 인생 자체가 불안하다. 예수님이 오셔서 하나님의 나라가 완성될 때까지 우리의 삶은 불안할 수밖에 없다.

세상은 자꾸 우리에게 '우리 아이들은 최소한 이 정도 대학은 가야 돼. 이 정도는 해야 행복할 거야'라는 생각을 던지며 우리로 하여금 두려움 속에 살게 한다. 하지만 그 생각은 세상이 우리를 유혹하는 속삭임이다. 자녀가 공부할 체질이 아닌 것 같으면 50만 원씩, 100만 원씩 투자하지 말아야 한다.

둘째 아이가 고등학교 1학년 때 식사 중에 행복 지수에 대해서 이야기한 적이 있었다. 애견관리사가 꿈이라고 하기에 잠깐 좋아하는 것이냐고 물었더니 아니라고 했다. 자신은 애견관리사라는 직업을 통해서 하고 싶은 일이 있다고 했다. 아내는 모범생으로 살다 약사가 되었기 때문에 아이의 꿈을 잘 이해하지 못했다. 60점이라는 시험 성적도 상상할 수 없는 일이었다. 반면에 필자는 늦게 공부한 유형이라서 60점이 익숙했다.

우리 부부는 이와 같은 자녀 교육에 대한 견해차로 종종 다투었다. 자녀를 어떻게 믿음으로 키워야 할까? 자녀 양육의 출발은 하나님에 대한 믿음이다. 내 자녀가 하나님의 자녀이기에 하나님이 키우실 것이라고 믿어야 한다.

필자는 아이의 꿈을 위해서 애견관리학과가 어느 대학에 있는지 찾아보았고, 고등학교 때 관련 학과를 갈지 함께 결정했다. 아이는 자기가 반 30명 중에 12등인데도 상위권이라며 좋아했다. 감사하게도 자존감이 높은 아이로 자란 것이다. 아이가 아내에게 한 말을 들으니 가슴이 아팠다. "엄마, 내 친한 친구는 교회에 안 다니거든요. 반에서 5등 했다고 맞아 죽는다고 했어요. 3등 하다가 5등 했다고요." 3등 하다가 5등 하면 혼을 내는 것이 우리나라 교육의 현실이다.

필자는 우리 아이가 강아지를 좋아하니까 애견관리샵을 열어 강아지들의 털을 깎고 건강을 돌봐 주면 한 달에 100만 원에서 200만 원은 받을 수 있을 것이라고 생각했다. 알뜰하게 쓰면서 좋은 남편을 만나 맞벌이를 하면 행복하게 살 수 있으리라 믿었다. 그래서 아이의 꿈을 응원할 수 있었다.

아이에게 이런 말도 해주었다. "너 결혼할 때 주려고 아빠가 3,000만 원 모아 놓았고, 네가 애견관리학과가 있는 2년제 대학교를 가면 2년간의 비용이 남으니까, 그 비용으로 외국에 가서 6개월에서 1년 동안 애견에 대한 사업을 보고 올 수도 있어. 그러려면 영어를 열심히 해야 되지 않을까?"

그러자 아이가 영어를 굉장히 열심히 공부했다. 지금 고 3이 된 민수는 여느 아이들처럼 꿈이 바뀌었다. 애견관리사에서 미대에 가는 꿈을 꾸면서, 미대 입시를 열심히 준비하고 있다.

부모가 할 일은 자녀들이 스스로 꿈을 개척하고 나갈 수 있도록 응원하면서 함께 기도해 주는 것이다. 아이들을 하나님께 맡기고 행복한 인생을 찾아가도록 도와주자. 우리가 무엇으로 행복한지 생각해 보자.

> **돈 걱정 없는 인생 후반전을 위한 Tip 3**
>
> 1. 재테크로 수익을 많이 올리기는 어려운 시대다. 예산을 세우고 지출을 관리하라.
> 2. 가계를 위협하는 신용카드를 없애고 예산을 세워 그대로 실행하라.
> 3. 급여에 맞는 정기 지출 한도를 정하고, 기회비용을 만들라. 줄줄 새는 돈을 잡으면 얼마든지 기회비용을 만들 수 있다.
> 4. 통장 쪼개기를 할 때 비정기 지출 통장을 따로 만들어 한도 내에서만 사용하는 습관을 들여라.
> 5. 가정의 행복 지수를 높이기 위해 노력하고, 자녀들이 행복한 인생을 찾아가도록 도와주라.

4장
투기가 되어서는 안 될 투자 원칙

1. 부동산 매매, 욕심을 버려야 답이 보인다

우리나라는 저출산 시대에 이미 접어들었다. 젊은이들은 '3포 세대'라고 불리며, 연애, 결혼, 출산을 포기했다. 우리가 부동산 투자에서 배울 수 있는 점은 대형 평수의 부동산을 선호하던 시대는 이제 지나갔다는 사실이다.

노후 준비를 위해 50-60대 분들이 상담을 받으러 많이 오신다. 필자는 노후 준비를 위해서는 첫째로, 자녀에게 돈을 주지 말라고 강조한다. 요즘 노인대학에 가면 자녀에게 돈을 지혜롭게 뺏기지 않는 방법을 알려 준다. 둘째로, 부동산을 매각하라고 한다. 대형 평수의 집이 있는 사람들은 적당한 시기에 부동산을 파는 것이 노후를 준비하는 방법 중 하나다. 물론 이것은 개인적인 생각이다.

원래 부동산과 주식은 반비례 관계로, 주식이 오르면 부동산이 떨어지고 부동산이 오르면 주식이 떨어진다. 그러나 금융 위기 이후 경제 전체가 흐트러졌기 때문에 경제가 회복되면 주식 시장이 오르면서 부동산도 같이 오른다.

최근 2년 동안 부동산 가치가 많이 올랐다. 정확히 말하면, 정책적으로 금리를 낮추었기 때문에 오른 것이다. 소득이 증가해서 부동산이 오른 것이 아니라 대출을 끼고 오른 것이므로 2017년 현재 부동산 매매는 위험한 시점에 있다고 할 수 있다.

부동산들이 다 빚을 지고 오르고 있다. 곧 미국이 금리를 3%로 올릴 것으로 전망하는데, 그러면 대출 금리가 4%가 된다. 우리나라의 금리는 미국보다 1% 높은데, 앞으로 우리나라 대출 금리가 5% 정도가 될 수 있다는 뜻이다. 올해는 부동산 가격이 최고점에 이르렀기 때문에 부동산을 사기에는 적합한 시기가 아니다. 앞으로 4-5년 안에 부동산 가격이 잡힐 것으로 전망된다.

노후를 대비하기 위해서 부동산을 사는 50-60대 분들은 자녀들에 대해 고려해서는 안 된다. 자녀가 지금 대학생이거나 직장인이라면 5-10년 사이에 집에서 나가서 살게 될 것이기 때문이다.

이러한 이유로 부부가 부동산을 살 때는 삶의 방향성을 가장 염두에 두어야 한다. 은퇴하고 나면 가진 돈이 부족할 수 있으므로, 가장 먼저 앞으로 40년간 어느 지역, 어떤 집에서 살 것인지에 대해 의견을 나눠야 한다.

그때 올바른 부동산 해법이 나온다.

  부동산을 매매할 때는 무조건 가격이나 시장만 봐서는 안 된다. 특히 그리스도인들은 교회 근처나 노후를 보내기에 적합한 장소를 신중하게 정할 필요가 있다. 그렇지 않으면 부동산을 또 팔게 되어 있다.

  부동산을 팔 것인지 살 것인지가 정해지면, 경기 흐름을 봐야 한다. 부동산은 신문에 주식 시장이 좋아져서 경기가 회복되고, 기업이 잘되고, 주가가 올랐다는 기사가 뜰 때 파는 것이 좋다. 그때 팔지 않으면 '또 오르겠지?' 하는 생각이 든다. 그것은 욕심이다. 욕심을 주님 앞에 내려놓아야 한다. 이제 그런 대박은 불가능하다. 과거에나 가능했던 부동산 수익을 생각해서는 안 된다.

  예를 들어, 32평은 노부부가 살기에 넓은 편이다. 40평대는 더더욱 넓어서 부부가 서로 불러도 잘 들리지 않는다. 언젠가 노인 한 분이 아파서 쓰러져 "여보!" 하고 불렀는데도 배우자에게 들리지 않아 돌아가신 사건이 기사에 난 적이 있었다. 노후에는 "여보"라고 작게 불러도 들리는 집으로 평수를 줄여야 한다.

  기본적으로 노후에 가장 필요한 것은 현금이다. 빚을 없애고 노후 자금을 현금으로 보유하는 것이 좋다. 노후에 살 집은 24평 정도가 가장 적당하다. 집이 40평대이면 30평대로 줄이고, 30평대이면 20평대로 줄이는 것이 좋다. 아직 자녀가 고등학생이라면 교육 여건을 고려하지 않을 수 없겠지만, 자녀가 곧 출가할 것을 생각해 무조건 노후까지 염두에 둔 집을 골라라. 이것이 노후의 해법이다.

혹시 부동산으로 노후 준비를 할 경우, 오피스텔과 원룸은 서울에서는 이미 너무 많이 올라서 피하는 것이 좋다. 기회를 봐서 소형 아파트를 사서 월세를 받는 편이 더 현실적이다. 외곽으로 나가더라도 오피스텔보다는 15평이나 18평 정도의 소형 아파트를 구매해 월세를 받는 방법을 추천한다. 앞으로 월세가 점점 증가하면서 작은 평수 아파트에 대한 수요가 계속 증가할 것이기 때문이다. 또 점점 노인 인구가 많아지기에, 혼자 사는 이들에게 10평대 중후반이나 20평대 초반 아파트는 앞으로 20-30년간 더욱 각광을 받을 것이다.

지금 시대에는 부동산으로 성공한 사람들을 찾아보기가 힘들다. 그런데 이상하게 신문에는 성공한 사람들의 이야기만 나온다. 이때는 내 집이 아니라고 생각해 욕심을 내려놓아야 한다. 인구학적으로 봐도, 부동산으로 수익을 많이 보는 시대는 끝났다. 하지만 소유한 집이 있으면 잘 팔고, 내 집 마련을 위해서 잘 사는 지혜는 필요하다.

경매는 직접 공부하지 말고 전문가를 통해서 할 것을 권한다. 경매를 할 때도 남들 눈에서 피눈물 나게 하는 경매는 피하라. 약 10-15% 정도 저렴한 아파트들이 많다. 전문가들에게 경매를 맡기면 낙찰가의 보통 1%를 수수료로 주면 된다. 4억이면 400만 원을 주는 것이므로 안전하게 전문가를 통해서 경매하는 것이 좋다. 다시 한 번 강조하지만, 부동산에 대한 욕심을 버려라.

2. 저축과 투자의 기준, 5년

부동산 다음으로 관심을 가져야 할 투자 분야는 저축과 펀드, 주식, 보험 등이다. 그중에서 주식은 하다 보면 마음을 빼앗기는 경우가 많고, 수익을 내기도 힘들어서 추천하지 않는 분야다. 누군가는 주식으로 수익을 낸다고 하지만, 필자 같은 전문가도 어려워하는 주식에서 일반인들이 쉽게 수익을 내기란 쉬운 일이 아니다.

주식은 부동산보다 우리의 마음을 더 흐트러뜨리고, 욕심을 내게 만든다. 만약 회사의 주주라서 배당을 받는 경우라면 괜찮겠지만 주식에는 인간의 탐욕이 들어가기 쉽다. 물론 주식 자체는 죄이거나 나쁜 것이 아니다. 사람들이 주식을 사야 기업에 돈이 들어가 운영되고, 또 기업 운영이 잘돼야 근로자들에게 일할 기회가 주어진다. 주식 자체는 나쁘지 않지만 주식을 통해서 투기하고자 하는 욕심이 들어가면 죄가 될 수 있다. 그래서 가급적이면 주식 투자는 피하라고 권면한다.

우선, 투자에 대해서 제대로 배워야 한다. 무조건 수익만 쫓으면 쓰디쓴 실패를 경험하게 될 것이다. 실패 사례를 하나 소개하겠다.

2007년에 필자와 상담했던 회계사 장로님의 소개로 한 대형교회 장로님이 상담실을 찾아오셨다. 2003년에 필자가 재정 컨설팅 회사를 만들고 펀드를 취급할 때 회계사 장로님은 중국 펀드를 하셨다. 일반인들은 2006년에 정보를 접하기 시작했지만, 주식과 관련해 조금 정보가 있는 사람들은 2002년과 2003년에 이미 중국 펀드를 시작했다. 펀드는 적금과 똑같이 기업에 투자해서 이익을 받는 것이다. 그래서 필자는 투자 중에서 펀드를 가장 선호한다.

　회계사 장로님도 필자와 상담을 통해 중국 펀드를 하게 되셨고, 수익이 많이 났다. 새로 오신 장로님은 회계사 장로님의 성공 사례를 듣고 오셨기 때문에 마음 한쪽에 대박 심리가 있었다. 투자에서는 대박 심리가 가장 위험하다.

　투자하러 오신 분들에게 묻는 필자의 첫 질문은 이렇다. "투자하려는 돈이 어떤 돈입니까?" 일반적으로 금융권에 2억을 들고 가면, "고객님, 어떻게 오셨어요?"라고 묻는다. 이때 "펀드에 가입하러 왔습니다"라고 말하면 거기서 끝이다. 총자산이 얼마인지, 그 돈의 목적이 무엇인지 물어보지 않는다. 돈에는 항상 목적과 방향이 있다. 투자할 때는 투자금의 목적과 방향을 아는 것이 매우 중요하다.

　그 장로님께도 동일하게 첫 질문을 드렸다. "투자하려는 2억이 어떤 돈입니까?" 둘째 아들이 2년 뒤에 결혼을 하는데, 그때 필요한 전세 금액이라고 하셨다. 그 말을 들은 필자는 펀드를 하지 말고 은행에 가시라고 추천해 드렸다. 한 금융기관에 1인당 5,000만 원까지 예금자 보호를 해준다. 아내 되신 권사님 5,000만 원, 장로님 5,000만 원 해서 한 금융기관에 1억을 예치하시고, 또 다른 금융기관에 같은 방식으로 1억을 예치하시라고 권했다.

　장로님은 자기는 왜 펀드를 들어 주지 않느냐고, 돈이 적어서 그러냐고 서운해하며 되물으셨다. 필자는 그 돈이 결혼 자금이기 때문에 투자 원금을 지키는 것이 중요하다고 생각해서 진심으로 권면해 드린 것이었다. 2억을 받아서 펀드를 들어 드리고 수수료를 챙기면 필자에게는 더 이득이었다.

그런데 장로님은 조언을 듣지 않으시고, 모 은행에서 중국 펀드와 브릭스에 투자하셨다. 그리고 2년 뒤, 어떻게 되었을까? 회계사 장로님께 들었는데, 2억 원이 1억 3,500만 원으로 줄었다고 하셨다. 장로님은 무엇을 잘못하신 것일까? 그 돈을 은행에 묶어 놓았다면 수익이 발생했을 것이다. 장로님의 실수는 '투자할 수 없는 돈'을 투자하신 것이었다. 여기서 우리는 2년이라는 짧은 기간 동안에는 투자해서는 안 된다는 사실을 배워야 한다.

물론 저축만 해서는 수익을 제대로 얻을 수 없다. 2017년의 예금 금리는 몇 년 전보다 더 낮아져서 2%대에 머물러 있다. 어떤 권사님들은 몇 억을 은행에 넣어 놓았는데 아무것도 하지 않으니 더 빨리 없어진다고 불평하신다.

자신이 노후에 한 달에 얼마씩 사용할지를 계산해 보고 이자까지 포함한 자산과 현금이 몇 년 뒤 없어지는지 따져 봐야 한다. 약 10년 뒤에는 자금이 다 없어질 것이다. 생각보다 노후 준비는 만만하지가 않다. 그래서 투자를 할 때는 물가 상승으로부터도 지키고, 원금 자체도 지켜야 한다.

다시 한 번 강조하지만, 돈을 저축하거나 투자할 때는 항상 목적을 생각하자! 이것은 돈에 이름표를 붙이는 것이다. 앞서 4년간 돈을 모아서 여행을 간 가족을 소개했다. 그 가족은 정기적금을 활용했다. 3-4년 후에 사용할 목적이 있는 돈이라면 원금이 보장되는 정기적금을 들어라. 투자할 수 있는 돈은 적어도 5년 이상 사용하지 않아도 되는 돈이어야 한다. 5-10년 정도는 투자하고 찾지 않아도 되는 돈을 투자해야 한다.

예를 들어, 셋째 아이가 대학교를 졸업하면 필자의 나이가 70세다. 셋째 아이를 대학교에 보낼 준비를 하려면 한 달에 30만 원씩 투자해야 한다. 그 돈을 저축할까, 아니면 투자할까? 이런 경우 정기적금보다는 투자로 가야 한다. 왜냐하면 20년 뒤에는 물가가 천정부지로 올라 있을 것이고, 등록금도 많이 인상될 것이기 때문이다. 이때는 저축을 하면 안 된다. 투자할 수 있는 기간에 따라서 투자의 방향성이 결정된다. 5년 미만에 사용해야 할 돈은 저축만 하라. 5년 이상 묵힐 수 있는 돈은 투자를 하라.

실패 사례를 또 하나 들어 보겠다. 물가를 고려하지 않고 저축만 한 분의 이야기다.

언젠가 한 권사님이 보험을 들고 상담을 받으러 오셨다. 금리가 좋을 때 보험을 시작했는데, 2008년에 만기가 되어 1,500만 원을 받으셨다. 물론 큰돈이었지만, 오르는 물가 대비 수익을 생각하지 않으셨다는 데 문제가 있었다. 자녀가 네 살 때 보험에 가입했는데, 보험증권에는 "1,500만 원이면 학자금 준비가 다 끝납니다"라고 되어 있었다.

가입 당시만 해도 대학 등록금이 120만 원이었으니 가능했다. 1,500만 원이면 자녀 두 명의 4년 대학 학자금을 대고도 충분했다. 그래서 권사님은 당시는 '적은 돈이 아닌 돈'을 15년 동안 열심히 부으셨다. 만기가 되어 1,500만 원이 나왔는데, 이화여대에 간 큰딸의 대학 입학 비용으로 1,250만 원을 썼다고 하셨다. 남은 250만 원은 1년 동안 쓰고 나니까 없어졌다며 한탄하셨다.

　권사님과 보험설계사가 놓친 것이 무엇일까? 물가를 고려하지 않은 것이다. 15년 동안 투자하지 않고 열심히 저축만 한 것이 실수라고 할 수 있다.

　불과 20년 전만 해도 은행 금리가 10%가 넘었고, 1999년에는 6.9-7% 정도였다. 이처럼 고금리의 시대에는 저축만 해도 수익이 충분했지만, 요즘같이 2%대의 저금리 시대에는 10-20년 동안 저축만 해서는 수익을 낼 수 없을 뿐 아니라 물가로부터 원금조차 지킬 수 없다. 금리가 물가상승률을 반영해 약 4-5% 정도는 올라야 원금을 지킬 수 있다.

　앞으로 저축 상품을 가입할 때, 만약 자녀가 대학생인데 결혼 자금에 보태 주고 싶다면, 9년 정도 기간이 남은 경우 저축이 아니라 투자로 가야 한다. 보험을 들든 펀드를 하든 투자성이 있는 것으로 해야 한다. 만약 2-3년 뒤에 자금을 써야 하는 경우에는 적금만 해야 한다. 현재 아무리 주가가 오르고 금리가 떨어져도 저축만 해야 한다. 아주 기본적인 투자의 원칙들을 기억하라.

　다시 한 번 강조하면, 앞서 김치냉장고의 예에서 살펴보았듯이 돈을 맹목적으로 모으는 것은 효율적이지 않다. 돈의 목적을 정해 '첫째 아이 대학 등록금', '7년 뒤 우리 가족 유럽 여행', '8년 뒤 자동차 구입' 등으로 통장을 쪼개 저축해야 한다. 쪼개지 않으면 목돈이 생겼을 때 다 써 버리게 된다. 돈이 생기면 김치냉장고를 사야 하고, 남편은 차를 바꿀 생각을 하고, 아이들은 여행 갈 생각을 할지도 모른다. 이미 만기가 되기도 전에

온 가족이 무엇인가 살 생각으로 기분이 좋아진다. 돈을 쓸 때는 기분이 좋지만, 그러는 사이 피땀 흘려 모은 1,000만 원이 실체도 없이 공중분해되어 버릴지도 모른다는 점을 기억하자.

3. 보험과 연금을 리모델링하라

우리나라 국민 대부분은 한두 가지 보험은 다 갖고 있다. 그렇다면 보험을 들 때 가장 중요하게 생각해야 하는 것이 무엇일까? 첫째, 보험비는 외벌이 소득의 8%를 넘어가서는 안 된다. 만약 50대 기준으로 한 달에 400만 원 정도 벌 경우 8%는 32만 원이다. 온 가족의 보험 금액을 최대로 잡더라도 외벌이 소득의 10%까지가 적당하다. 그렇게 먼저 예산을 정해야 한다.

우리나라 50-60대 분들은 어쩔 수 없이 종신 보험을 많이 들었다. 하지만 젊은이들에게는 종신 보험에 가입하지 말라고 권한다. 종신 보험은 가장 비싼 항목이 '사망 보장'인데, 5,000만 원을 보장받기 위해 보험금을 매월 8-10만 원씩 내야 한다. 이렇게 비싼 금액을 매월 내면서까지 종신 보험을 유지할 이유가 별로 없다. 사망 보장이 굳이 종신 보험일 필요가 있는가?

필자의 외할머니는 작년 10월, 102세에 돌아가셨다. 부모가 80세 가까이 되어 돌아가시는 경우는 자녀들이 이미 다 장성했기에 크게 위험한 일이 아니다. 보험이란 어떤 위험이 존재할 때 자신이 위험을 갖고 있기 어려우므로 보험사에 돈을 주고 위험을 가져가라고 하는 것이다. 보험은 위험을 이전시키는 행위인 것이다. 종신토록 산 다음에 죽는 것은 위험한 일이 별로 아닌데, 그것을 보장받기 위해서 돈을 비싸게 내는 것이 종신 보험이다.

하지만 종신 보험을 꼭 들어야 한다면 뇌경색을 보장해 주는지 꼭 살펴봐야 한다. 2004년 이후 지금까지 모든 보험사가 성인병 2대 진단금에서 뇌경색과 뇌졸중을 빼고 뇌출혈만 보장한다. 뇌경색 보장 항목이 없으면 중풍이 와도 한 푼도 보장받지 못한다. 요즘 중풍은 흔한 질병이기 때문에 꼭 확인해야 한다. 어떤 분은 70만 원짜리 보험에 가입했는데 중풍으로 쓰러지고 나서 10원도 받지 못하셨다.

만약 보험 보장 내역에 뇌경색이 포함되어 있지 않은 경우에는 뇌경색이 보장되는 손해보험사에 2만 원을 더 내면 특약으로 보장받을 수 있다.

그다음으로 점검해야 할 것은 실비 보험이다. 보험 중에서 제일 중요한 보험으로, 실비 보험이 100세까지 되는지 확인해야 한다. 백세 시대에는 2-3만 원을 더 주고 100세까지 실비를 보장받는 것이 중요하다. 일반 손해보험사에서 1만 5,000원이면 들 수 있다. 보험 중에 가장 좋은 보험이 실비 보험이다.

필자의 어머니가 최근 갑상선 수술로 입원 후 퇴원하셨는데 실비 보험이 있으니까 자식들에게 미안해하지 않고 편안하게 병원에 가서 치료를 받고 오셨다. 실비 보험은 노후 준비와 자녀들 모두를 위해서 반드시 들어야 한다.

또 점검해야 할 것은 암 보험과 성인병이다. 요즘 암 보험은 대부분 다 가입했을 텐데, 여기에도 성인병에 뇌경색이 포함되어 있는지 잘 살펴야 한다. 뇌졸중이 없고 뇌출혈만 있는 경우에는 반드시 뇌경색을 포함시켜야 한다. 손해보험사 실비 보험에 이 항목을 끼우면 3-4만 원을 추가로 납입하면 된다.

연금의 경우는 50-60대는 원금 보장이 되는 변액 연금 같은 것이 있다. 50대 분들에게는 보험사의 연금을 들지 말고 국민연금에 가입할 것을 권한다. 지역가입자로 국민연금에 가입하는 것이 좋다. 10년 동안 8만 9,000원을 내면 65세 이후 매월 16만 원씩 받는다. 이것을 보험으로 계산하면, 보험사에 25만 원을 넣는 것과 똑같은 결과가 나온다. 보험사에 10년간 25만 원을 내면 국민연금에서 주는 액수와 똑같은 16만 원이 나온다. 투자 대비 수익으로 봤을 때 국민연금이 나쁘지 않다.

혹시 보류 등으로 국민연금이 일시 정지된 기간이 있다면 목돈을 넣어서 추가 납부를 하라고 조언한다. 여유가 되는 대로 국민연금 액수를 늘려 활용한다면 노후 준비에 도움이 될 것이다.

 돈 걱정 없는 인생 후반전을 위한 Tip 4

1. 노후 준비를 위해서 부동산은 평수를 줄이는 것이 좋다. 부동산 매매는 미리 살 곳을 정하고 하라.
2. 5년 미만의 투자는 적금만 들었다가 찾아라. 5년 이상의 투자는 펀드를 이용해

매달 적립식으로 해보라.
3. 건강 보험, 종신 보험, 실비 보험 등 보험을 리모델링하되, 뇌경색이 보장되는지 확인하라.
4. 보험 중에 가장 좋은 보험은 실비 보험이다. 만약 아직 실비 보험이없다면 우체국이나 손해보험사에서 가입하라.
5. 노후를 위해 국민연금을 최대한 활용하라.

제3부

백세 시대, 덜 아프면서 건강하게 오래 살기

— 이철

■ 프롤로그

어떻게 하면 백세 시대에 덜 아프면서
건강하게 오래 살 수 있을까요?

　무병장수는 인류의 오래된 꿈입니다. 그러나 늙고, 병들고, 생을 마감하는 것은 누구에게나 닥치는 일입니다. 어떻게 하면 덜 아프면서 건강하게 오래 살 수 있을까요? 99세까지 팔팔하게 살다 2-3일 아프고 천국에 가는 것이 꿈입니다.
　세계보건기구(WHO)가 내린 건강의 정의는 우리가 아는 바와 다릅니다. 육신의 질병이 없다고 해서 건강하다고 말하지 않습니다. 육체는 물론 정신적으로 건강해야 하고, 국가가 국민의 안전을 책임져 주는 사회적 건강이 보장되어야 하며, 더욱이 영적으로 건강해야 건강하다고 말합니다. 즉 육체적, 정신적, 사회적, 영적 건강을 고루 갖추어야 건강하다고 하는 것입니다.
　CTS 방송국이 〈4인 4색〉 중 "건강"이라는 주제에 대해 요청했을 때 먼저 생각난 것이 세계보건기구의 건강에 대한 정의였습니다. 저 자신도 사회적 건강과 특히 영적 건강까지는 미처 생각하지 못했기 때문입니다.

천국 가기까지 통상 10년은 아프다고 합니다. 전혀 아프지 않고는 갈 수 없는 길이지만 아픈 기간을 조금이라도 줄일 수만 있다면 얼마나 좋을까요? 우리 사회는 지금 건강에 대한 정보가 홍수처럼 밀려들고 있습니다. 음식부터 시작해 다양한 운동 방법, 많은 영양제, 각종 질병의 특효약 등 정말 혼란스럽습니다.

건강에는 기본이 중요합니다. 밀려드는 개별의 건강 증진 방법 중에서 무엇이 효과가 있는지 일반인들은 알기 어렵습니다. 따라서 기본을 알고 나서 다양하게 응용하는 편이 실생활에 적용하기 좋습니다. 당뇨병, 고혈압을 과거에는 '성인병'이라고 했지만, 최근에는 '생활 습관병'이라고 부릅니다. 잘못된 식습관과 운동하지 않는 습관, 건강하지 않은 일상생활의 태도가 질병에 걸리게 합니다.

메르스나 사스와 같은 전염병은 사회 전체에 공포를 불러일으킵니다. 내 몸은 나라가 지켜 주지 못합니다. 개인위생을 지키는 습관을 몸에 익혀 스스로의 몸을 보호해야 합니다.

나이가 들수록 아프지 않은 곳이 없습니다. 통증은 주로 근육과 인대에서 발생합니다. 평소 잘못된 자세로 인해 근육이 비대칭이 되면 삐뚤어진 근육 부위가 아프기 시작합니다. 일상의 잘못된 생활 습관에 의해 천국 가기 전 10년 동안은 아프면서 살아가게 됩니다. 좋은 습관들을 몸에 익히면 아픈 기간이 줄어듭니다.

세월호 사건 이후 우리나라의 안전에 대한 인식이 사회 전반에 걸쳐 크게 변화하면서 사회적 건강에 대한 관심도 커졌습니다. 안전 인프라를 구축하는 것은 나라의 일이지만, 고속도로에서 안전거리를 지키는 등 개개인이 습관화할 책임도 있습니다. 정신적 건강은 감사하는 마음에서 시작되어 용서가 되고, 사랑으로 이어져야 합니다. 정신적 건강의 시작은 예수님의 가르침을 마음에서 실천하는 것입니다. 영적인 건강은 예수님이 먼저 가셔서 우리를 기다리시는 천국에 대한 소망을 가질 때 이루어집니다.

이 책을 통해 성경에 나온 건강과 관련된 내용을 바탕으로 건강에 대한 새로운 접근을 말씀드리고자 합니다. 백세 시대를 맞아 그리스도인들이 하나님이 주신 건강에 대해 바른 관심을 갖게 되기를 희망합니다. 육신적으로, 정신적으로, 사회적으로, 영적으로 건강한 백세의 삶을 살기를 기원합니다.

이철
하나로의료재단 총괄 원장

프로필

연세의대 졸업
연세대학원 의학박사
연세의대 명예교수
횃불트리니티신학대학원 목회학 석사
한국뉴욕주립대(SUNYKorea) 석좌교수
소아과전문의 / 신생아학 세부전문의
하나로의료재단 총괄 원장

전 연세대학교 의무부 총장 겸 의료 원장
전 세브란스병원장
전 대한신생아학회장
전 미국 브라운 대학 교환교수

1장

생활 습관: 나의 생활 습관, 이제 점검할 때

요즘 평균 수명이 80세라고 한다. 그런데 '건강 수명'이라는 것이 따로 있다. 70세까지가 건강 수명이고, 이후 80세까지 10년간은 아프고 사는 세월이다. 중년기에 접어든 젊은 인생들이 어떻게 하면 아픈 세월을 줄일 수 있을까? 좋은 생활 습관을 가지고, 건강하게 음식을 먹고, 적절한 운동을 꾸준히 하고, 마음의 평화를 유지하면 10년이라는 아픈 시기를 5년으로, 혹은 3년으로 줄일 수 있다.

과거에는 고혈압, 당뇨병 등을 '성인병'이라고 불렀다. 요즘은 이러한 질병들을 '생활습관병'이라고 부른다. 왜냐하면 오랜 기간 나쁜 생활 습관 때문에 생긴 질병들이기 때문이다. 건강을 지키기 위해서는 올바른 생활 습관을 몸에 익혀 체질화하는 것이 중요하다.

1. 하루 6회 손 씻기로 생명을 지키자

필자가 방문했던 싱가포르의 국립병원 외벽에는 건물 전체를 가리는 30m 정도의 초대형 포스터가 붙어 있었다.

"깨끗한 손이 생명을 지킨다."

기본적이지만 아주 중요한 것이다. 주위에 있는 물건을 손으로 만지면 표면에 있던 감기 바이러스가 손에 묻고, 그 손으로 입이나 코를 만지면 감기에 걸린다. 따라서 손만 열심히 씻어도 감기에 걸리는 일을 예방할 수 있다.

2009년 신종플루가 유행할 때 우리나라 전 국민 가운데 손 씻기 열풍이 불었다. 그해 손이 깨끗해진 덕분에 매년 많은 사람을 괴롭혔던 아폴로 눈병이 거의 사라졌었다. 당시 안과 의사들이 환자가 없어 한가한 여름을 보냈던 기억이 있다. 특히 젊은이들의 생명을 위협하기도 하는 심각한 질환인 A형 간염도 발생률이 3분의 1로 줄었다. A형 간염은 대변을 통해 손에서 입으로 전염되는 질병인데, 손 씻기만으로도 차단되기 때문이다.

성경에서도 씻는 것이 중요하게 언급된다. 모세는 제사에 참여하기에 앞서 아론과 그 자손들, 즉 레위인들을 정결하게 씻겼다. 성경에서 '씻는다'라는 말은 '정결'을 의미한다.

"모세가 아론과 그의 아들들을 데려다가 물로 그들을 씻기고"(레 8:6).

예수님은 친히 제자들의 발을 씻기시며 섬김의 본을 보여 주셨다.

"저녁 잡수시던 자리에서 일어나 겉옷을 벗고 수건을 가져다가 허리에 두르시고 이에 대야에 물을 떠서 제자들의 발을 씻으시고 그 두르신 수건으로 닦기를 시작하여"(요 13:4-5).

이처럼 정결과 섬김의 표시는 씻는 행위로 나타낼 수 있다. 이에 의료인들은 정결과 환자 섬김의 기본을 손 씻기를 통해 실천해야 한다. 간단한 손 씻기로 정결해진 의사와 간호사의 손은 환자를 감염으로부터 보호하는 가장 훌륭한 섬김이 된다.

미국의 병원에서는 환자들이 의사의 진찰을 받기 전에 "선생님, 저 손 씻고 봐 주세요"라고 말하도록 교육받는다. 그리고 진찰이 끝나고 나갈 때는 "선생님, 손 씻고 다음 환자 봐 주세요"라고 말한다. 손 씻기는 전염병을 예방할 수 있는 좋은 생활 습관이기 때문이다.

주부들도 마찬가지다. 병문안을 갔다 오거나 화장실을 다녀온 후, 특히 음식을 만들기 전에는 반드시 손을 씻어 가족들에게 정결과 섬김의 본을 보여야 한다.

필자는 신종플루 유행 당시 여러 언론이 '손 씻기 전도사'로 소개했고, 이로 인해 대통령 표창도 받았다. 이처럼 손 씻기 전도사가 되기까지는 계기가 있었다. 과거 미국 브라운 대학 연수 시절, 병원 감염에 대한 강의를 들을 때였다. 담당 교수가 모자, 마스크, 발싸개, 장갑 등 수술복을 완벽히 차려입은 채 강의실에 등장했다. 그는 마치 연극배우처럼 몸에 걸친 수술복을 하나하나 벗어 던지고는 손을 번쩍 들더니 이렇게 말했다.

"과거에는 신생아실에 출입할 때 이렇게 많은 수술복을 착용했지만, 지금은 이 손 하나만 잘 닦으면 병원 감염을 예방할 수 있습니다."

담당 교수는 병원 감염 예방에 손 씻기가 얼마나 중요한지를 인상적으로 각인시켜 주었다. 미국 연수 후 필자는 손 씻기 전도사가 되었다.

세브란스의 새 병원을 지을 당시에도 모든 병실에 세면대를 설치해 쉽게 손을 씻을 수 있는 여건을 조성했다. 세브란스병원장으로 취임하면서 '하이파이브'(High-five, 다섯 손가락을 청결하게 하자는 내용의 캠페인)라는 대대적인 손 씻기 운동을 시작했는데, 마침 유행하기 시작한 신종플루로 병원 내 손 씻기가 쉽게 습관화되었다. 사실 기본일수록 중요성을 인식시켜 실행에 옮기게 하기가 쉽지 않다. 기본이 중요하지만 하찮은 일로 여기곤 하기 때문이다.

덕분에 세브란스병원은 감염 관리에 우수 병원이 되었고, 국제환자안전지침에서 가장 중요한 분야 중에 하나인 병원 감염 관리에 만전을 기하면서 JCI(국제의료기관평가위원회) 재인증도 획득했다. JCI 회장 일행이 신종플루 유행 당시 우리나라를 방문해 버스마다 붙어 있는 손 씻기 포스터를 보고 한국의 감염 관리를 극찬하기도 했다.

그러면 손은 언제 씻어야 할까? 수시로 씻어야 한다. 딱 두 가지만 기억하자. 음식을 먹기 전과 몸의 분비물 및 배설물과 접촉한 후에는 반드시 손을 씻자. 병문안을 간다면 환자의 입원실에 들어가기 전과 나올 때 손을 씻자.

특히 음식을 만드는 사람은 조리하기 전에 반드시 손을 씻어야 한다. 우리나라 단체 급식에서 끊임없이 발생하는 문제가 바로 집단 식중독이다. 단체 급식에 종사하는 사람들의 경우, 조리 과정 중 손을 씻은 후 식재료를 만지는 절차가 표준화되고 강제적으로 실행되어야 한다.

때로 조리사가 몸 안에 이질균이 있는지 스스로 알지 못한 채 살아가는 이질 보균자일 수도 있다. 이질 보균자란 설사 증세가 없으면서 대변으로 이질균을 내보내는 사람을 말한다. 그렇기 때문에 단체 급식에 종사하는 사람들은 화장실에 다녀온 후 음식을 만들기 전에 반드시 손을 씻어야 한다. 아직도 우리나라 사람들은 화장실을 사용한 후 남이 볼 때만 손을 씻고 아무도 없으면 그냥 나오지 않는가! 우리나라가 선진국으로 가기 위해서는 이러한 기본 생활 습관이 생활화되어야 한다.

일전에 고급 식당 화장실에서 손을 씻고 있었는데, 셰프가 화장실을 사용한 후 바로 조리실로 가는 것이었다. 필자는 그를 불러서 이렇게 말했다. "손을 씻으신 후 제 음식을 준비해 주세요." 이러한 장면을 목격하거든 우리 모두 자신과 가족의 건강을 위해서 과감하게 말하자. "손을 씻으세요."

그러면 손은 어떻게 씻어야 할까? 실제로 균은 손가락 사이, 손톱 밑, 손마디 주름 사이에 있다. 가장 경제적이며 효과적으로 손 씻는 방법은

'흐르는 물에 비누로 씻어 감기 바이러스와 세균을 흘려보내는 것'이다.

우리나라에는 여러 곳에 균을 죽이기 위한 손 소독제가 비치되어 있다. 그런데 사실 그 정도의 소독제 농도로는 균, 특히 바이러스가 잘 죽지 않는다. 흐르는 물에 거품과 함께 씻어 균을 흘려보내는 것이 가장 좋다. 균을 죽이는 것보다 경제적이고 간편한 방법이다.

음식을 조리하는 사람은 손톱을 길러서는 안 된다. 손톱 밑은 잘 안 씻게 되는 부위로, 균이 서식하기에 좋은 조건이기 때문이다. 의료인들은 근무할 때 손 씻기의 효과를 반감시키는 시계나 반지의 착용을 금해야 한다. 신생아를 만지기 전에는 의사들은 물론, 아무리 가까운 친척이라도 반드시 손을 씻어야 한다. 옛날 선조들은 아이를 감염에서 보호하기 위해 백일이 되기 전에는 문밖출입을 삼가고, 아기가 태어났다는 표시로 문에 숯이나 고추를 매달아 외부인의 출입을 자제시키는 등 생활의 지혜가 있었다. 요즘에는 그런 풍습이 사라졌지만 기본 감염 예방 습관인 손 씻기만큼은 열심히 실천한 후 신생아를 만지도록 하자.

요새 손 씻기가 다시 주춤하고 있는 듯하다. 손 씻기는 나 자신만 아니라 가족과 공동체의 건강을 위해서도 매우 중요하다. 또한 나와 타인의 생명을 지킬 수 있는 확실한 방법이다. 아울러 감기에 잘 걸리지 않도록 예방하는 가장 확실하고 효과적인 방법이다. 손 씻기를 최소 하루 6회 실행하자. 매 식사 전과 화장실에 다녀온 후에만 손을 씻어도 하루 6회 손 씻기는 그리 어렵지 않게 습관화할 수 있다.

2. 팔꿈치로 지키는 새로운 기침 에티켓

감기에 걸리면 기침을 하게 된다. 우리가 기침을 할 때 침방울이 얼마나 멀리 튀어 나갈까? 2m다. 재채기를 하면 침방울에 묻은 감기 바이러스가 6m까지 튀어 나간다. 그렇다면 만약 감기에 걸린 사람이 뷔페식당에서 기침을 마구 하고 다닌다면 어떻게 될까? 감기 바이러스가 침방울과 함께 튀어 나가 주위 음식물들을 오염시킬 것이다. 이것이 기침 에티켓이 반드시 필요한 이유다.

기침은 감기나 폐렴에서 흔한 증상이다. 기침을 하는 이유는 폐에 염증이 생겨 증가한 가래를 밖으로 배출시키기 위해서다. 그래서 기침을 억제하는 것은 오히려 좋지 않다. 기침이 심할 경우, 물을 많이 마시거나 가습기를 사용해 가래를 묽게 만들어 한 번의 기침으로도 쉽게 배출되도록 해야 한다. 이것이 의사들이 감기나 폐렴에 걸렸을 때 약을 처방함과 동시에 물을 많이 마시라고 권하는 이유다.

손에 있는 감기 바이러스는 짧게는 5분이면 소멸하지만, 물건 표면에 있는 감기 바이러스의 생존 기간은 길게는 3일이다. 3일 전 감기 환자가 기침을 하면서 탁자에 퍼뜨린 감기 바이러스가 3일 뒤 탁자를 사용하는 사람에게 옮겨 갈 수 있는 것이다.

물건 표면을 손으로 만질 때 묻은 감기 바이러스는 손을 통해 입이나 코를 거쳐 감기를 일으킨다. 손이 감기 바이러스를 옮기는 매개체가 되는 것이다. 손을 열심히 씻으면 왜 감기에 걸리지 않는지 그 이유를 분명히 알게 되었을 것이다.

미국 어느 대학병원에서 악수를 통해 손에서 손으로 감기 바이러스가 옮겨 간다는 것을 실험으로 증명했다. 그래서 요즘 새로 나온 악수법이 있는데, 손 대신 주먹끼리 맞대는 것이다. 악수를 자주 하는 사람은 손을 자주 씻어야 한다.

기침 에티켓은 매우 중요하다. 기침을 할 때 손으로 입을 가렸다면 손을 씻어야 한다. 그러나 기침을 할 때마다 매번 손을 씻기란 쉬운 일이 아니다. 가장 좋은 방법은 재채기나 기침을 할 때 팔꿈치로 입을 막는 것이다.

아직 우리에게는 이러한 기침 에티켓이 알려져 있지 않아 팔꿈치로 입을 막는 사람들이 거의 없다. 하지만 미국에서는 공공장소와 학교에서 많은 사람이 보도록 포스터를 붙여 이러한 기침 에티켓을 교육하고 있다. 유치원생도 기침을 할 때 입을 팔꿈치로 막는다.

우리나라도 이러한 기침 에티켓 포스터의 제작과 교육이 절실하다. 만일 뷔페식당에서 한 손으로 접시를 들고 있을 때 재채기가 나오면 접시를 들지 않은 반대편 팔꿈치로 입을 막아야 한다. 그렇지 않으면 차려 놓은 주위 음식물들을 감기 바이러스로 오염시킬 수 있다.

여기서 한 가지, 기침을 유발하는 사례에 대해서 살펴보자. 사례는 삼킨 음식물이나 물이 식도를 통해 위로 넘어가야 하는데 기도를 통해 폐로 넘어가려 할 때 이를 저지하는 방어 작용이다. 그런데 나이가 들면 음식을 삼킬 때 폐로 들어가지 못하도록 기도를 막아 주는 근육의 힘이 약해진다. 그래서 어르신들은 침을 삼키다가도 사례가 들린다는 말씀을 자주 하신다. 나이가 들수록 빨리 먹는 습관, 물이나 국에 밥을 말아서 마시듯이 먹는 습관, 씹지 않고 급히 삼키는 습관을 고쳐야 사레가 들리지 않는다.

음식물이나 물이 폐에 들어가서 발생하는 폐렴이 흡인성 폐렴이다. 암이나 중풍을 앓는 환자들 중에 많은 경우가 암이나 중풍 자체보다는 흡인성 폐렴으로 돌아가신다. 침대에 누워서 음식이나 물을 삼키다가 기도로 흡입되는 상황을 막지 못한 것이다. 흡인성 폐렴은 현대 의학으로도 고치기가 대단히 어렵다.

3. 인생 후반전에 반드시 필요한 예방 접종 두 가지

가을철이 되면 독감 예방 접종을 하라고 한다. 다른 질병과 달리 독감은 왜 매해 예방 접종을 해야 할까? 독감은 바이러스가 옮긴다. 유행성 독감은 매해 유해한 원인 바이러스가 다르기 때문에 '유행성'이라는 말을 굳이 붙인다. 그해 유행이 예상되는 바이러스에 맞춰 미리 독감 예방 접종 약을 만들기 때문에 예상했던 바이러스가 유행하면 예방 효과가 100%다.

독감은 유행하기 전에 예방 접종을 미리 해서 면역력을 보유해야 한다. 그래서 가을에 독감 예방 접종을 실시하는 것이다. 감기에 걸리지 않으려면 반드시 독감 예방 접종을 해야 하고, 손도 열심히 씻어야 한다.

대체로 감기 바이러스는 독성이 약해서 우리 몸에 면역이 생기면 쉽사리 회복된다. 감기약은 바이러스를 죽이는 것이 아니라 증세를 완화시켜 일주일을 편하게 지내도록 도와준다. 그래서 "감기는 약 먹으면 7일, 안 먹어도 일주일"이라는 우스갯소리가 있다.

폐렴을 일으키는 균에는 두 종류가 있는데, 하나는 바이러스이고, 또 하나는 세균이다. 세균은 항생제를 사용해 죽일 수 있으나 바이러스는 항생제를 사용해도 살아남는다. 그렇다면 폐렴 예방 접종은 어떤 사람들이 해야 할까?

'요즘같이 의학이 발달한 세상에 폐렴쯤이야'라고 생각하기 쉽다. 물론 건강한 젊은이들은 조기에 치료만 잘하면 폐렴을 이겨 내는 데 별 문제가 없다. 하지만 여러 가지 만성질환이 있거나 65세가 넘은 사람들은 사정이 다르다. 폐렴으로 사망할 확률이 높기 때문이다. 폐렴을 예방하기 위한 가장 적극적인 방법은 폐렴구균 예방 접종을 하는 것이다. 폐렴구균 예방 접종이란 폐렴구균이라는 세균에 대한 면역력을 얻기 위한 예방 접종이다.

폐렴구균은 바이러스와 달라서 매해 다른 폐렴구균이 출몰하지 않는다. 따라서 독감 예방 접종과 달리 한 번 접종으로 평생 면역이 된다. 그러나 폐렴을 일으키는 원인이 되는 세균과 바이러스는 종류가 대단히 다양하다. 그래서 폐렴구균 예방 접종을 하더라도 폐렴의 원인이 되는 모든 세균으로부터 보호되는 것은 아니며, 단지 폐렴구균에 의한 폐렴만 예방된다. 그러나 폐렴구균이 폐렴의 가장 흔한 원인이기 때문에 접종을 권장한다.

폐렴구균이 폐렴의 원인균인 경우, 1회 예방 접종만으로도 사망할 확률을 50-80% 낮출 수 있다. 따라서 65세 이상의 노인, 면역 억제 환자, 만성 간, 신장, 심장, 폐 질환 환자, 항암 치료를 받는 암 환자, 당뇨병 환자, 비장 절제술을 받은 환자 등 면역력이 저하된 사람들은 폐렴구균 예방 접종을 하는 것이 좋다.

종전에는 5-6년마다 추가 접종을 했지만, 이제 65세 이상은 추가 접종이 필요하지 않다. 65세 이전에 1차 접종을 한 경우에는 5년이 경과한 시점에 추가 접종이 필요하다. 그러나 최근 새로 출시된 단백결합폐렴구균 예방 접종은 50세 이상에서 1회 맞는 것을 권장한다.

유행성 독감 바이러스를 예방하기 위해서는 독감 예방 접종을 하고, 폐렴의 가장 흔한 원인인 폐렴구균으로부터 폐렴을 예방하기 위해서는 폐렴구균 예방 접종을 해야 한다. 중년 및 노년기에는 이 두 가지 예방 접종을 해야 건강한 삶을 살아갈 수 있다. 예방 접종을 하는 것은 건강을 지키기 위한 좋은 습관이다.

간암과 자궁경부암도 예방 접종으로 예방된다. 간암의 가장 흔한 원인은 B형 바이러스이고, 자궁경부암은 인두유두종이라는 바이러스에 의해 생긴다. 보건복지부는 가임 연령이 되기 전 젊은 여성들에게 자궁경부암을 예방하기 위한 인두유두종 바이러스 예방 접종을 권장하고 있다.

4. 암 예방의 최선책

통계학적으로 80세 되는 노인들 3명 중에 1명이 암 환자가 될 가능성이 있다고 한다. 중년에게 가장 두려운 존재가 암이다.

미국 텍사스 휴스턴에 세계 최고의 암 병원이 위치해 있는데, MD앤더

슨(MDAnderson) 암 센터다. 그 병원 원장인 로널드 드피뇨가 세브란스병원에서 개원한 암 병원을 축하하러 내한한 적이 있었다. 많은 국내 기자가 그에게 질문을 했다. 세계 최고의 암 전문가에게 궁금한 점들이 많았을 것이다. "어떻게 하면 암에 걸리지 않을 수 있습니까?", "암에 대한 새로운 치료법은 없습니까?" 많은 질문에 그는 너무도 원론적이고 기본적인 답변을 해주었다. "암은 노화 때문에 생기는 것입니다."

늙어서 암이 생기는 것을 어떻게 할 수는 없다. 그러나 담배, 음식, 바이러스로 인한 암은 우리가 예방할 수 있지 않겠는가? 특히 모든 암의 30%는 흡연으로 인해 생긴다. 그는 금연을 비롯해 자신이 실천할 수 있는 암 예방법을 스스로 생활 습관화하라고 권유했다. 그와의 인터뷰 내용은 각 일간지를 통해 전국에 소개되었다. 금연을 위해서는 담뱃값 인상이 필요하며, 금연 교육도 필요하다. 담배만 끊어도 암 발병률을 상당히 줄일 수 있다. 따라서 흡연을 중독 차원에서 접근하는 정부 시책이 필요하다.

암을 예방하는 방법은 금연, 암을 일으키는 바이러스에 대한 예방 접종, 그리고 건강한 음식이다. 음식이 많은 암을 일으킨다는 사실은 아마도 잘 알고 있을 것이다. 건강을 지키기 위한 가장 좋은 방법은 소식을 하고, 짜지 않게 먹으며, 채소를 많이 먹는 것이다. 특히 채소를 먹는 것이 중요하다. 또한 스트레스는 암의 원인이기 때문에 암을 예방하기 위해 마음을 편하게 갖는 것도 중요하다.

그런데 모든 스트레스가 나쁘기만 할까? 좋은 스트레스도 있다. 결혼을 한다거나 승진을 하는 것은 일종의 스트레스다. 새로운 변화이기 때문이다. 나쁜 스트레스란 쓸데없이 걱정하고, 근심할 내용이 아닌 문제를 스트레스로 만드는 것이다. 삶을 바라보는 방식이나 태도가 중요하다. 찬송가를 많이 부르고 성경 말씀을 항상 곁에 두고 묵상하면 스트레스가 많이 덜어질 것이다.

암이 왜 발생하는가? 암의 주원인은 '노화'라고 하지만, 암의 발병 기전에 대해서 아직까지 정확히 밝혀지지는 않았다. 우리 몸에서는 하루도 쉬지 않고 세포가 생기고 소멸하는 과정이 일어나고 있다. 이때 정상 세포 대신 암 세포 같은 비정상 세포가 나오는 경우가 있다. 이때 생성된 비정상 세포를 없애 주는 세포가 면역 세포다. 최근 면역 세포를 통해 암세포를 죽이는 새로운 암 치료법들이 나오고 있다.

우리나라 위암 환자의 5년 생존율은 90%로, 미국의 평균인 70%보다 훨씬 높다. 세계에서 위암을 가장 조기에 발견하기 때문이다. 암 환자의 생존율은 치료 방법보다는 얼마나 조기에 발견했는지에 따라 결정된다. 건강검진에 포함된 위내시경 검사를 통한 위암 조기 발견이 위암 환자의 생존율을 높이는 결정적 역할을 하고 있다.

 백세 시대, 덜 아프면서 건강하게 오래 살기 위한 Tip 1

1. 손 씻기만으로 많은 질병을 예방할 수 있다. 손 씻기를 생활화하라.
2. 재채기와 기침을 할 때 팔꿈치로 입을 가리는 기침 에티켓을 익혀 건강을 지키자.

3. 암을 예방하기 위해서는 예방 접종과 소식을 하고, 싱겁게 먹고, 금연하고, 스트레스를 멀리하는 것이 좋다.
4. 찬양과 말씀을 늘 곁에 두어 마음 편히 살 때 100세까지 건강한 삶을 누릴 수 있다.

2장

식습관: 건강한 음식으로 건강한 몸을 만들자

1. 채식 vs 육식: 어느 쪽이 더 건강할까?

음식을 크게 분류하면 두 종류가 있다. 채식과 육식이다. 요즘은 채식을 많이 강조하다 보니 한쪽으로 극단적으로 흐르기 쉬운데, 하나님의 창조 과정을 살펴보면 이에 대한 해답을 찾을 수 있다.

하나님은 이 세상을 만드시면서 천하의 물을 한곳으로 모으고 뭍이 드러나게 하셨다. 하나님은 모인 물을 '바다'라 부르시고, 뭍을 '땅'이라 부르셨다. 하나님이 땅 위에 풀과 씨 맺는 채소와 각기 종류대로 씨 가진 열매 맺는 나무를 만드신 날이 창조의 셋째 날이다. 창조의 여섯째 날, 하나님은 하나님의 형상대로 남자와 여자를 창조하시고 이렇게 말씀하셨다.

"내가 온 지면의 씨 맺는 모든 채소와 씨 가진 열매 맺는 모든 나무를 너희에게 주노니 너희의 먹을거리가 되리라"(창 1:29).

하나님은 창세기에서 우리의 먹을거리의 기본과 원칙에 대해서 정확하게 말씀하셨다. 씨 맺는 모든 채소와 씨 가진 열매 맺는 모든 나무의 열매를 먹으라고 하신 것이다.

우리는 채소를 많이 먹어야 한다. 채소란 땅에 있는 영양소를 뿌리, 열매, 또는 잎에 저장해 그 영양소를 공급받는 식물을 의미한다. 사람의 뼈는 흙의 성분과 비슷하며, 혈액은 바닷물의 성분과 비슷하다. 인간은 자연의 일부로서 창조의 법칙에 순응하면서 흙과 물로부터 생명을 유지해야 한다. 채소는 흙에 뿌리를 내리고 영양소를 공급받는다. 사람은 식물을 통해 영양소를 공급받는다.

식물의 영양분은 초식동물이나 그들을 잡아먹는 육식동물을 거쳐 사람에게 들어온다. 결국 창조 원리에 따라, 하나님이 주신 채소와 열매가 우리의 기본 먹을거리가 되는 것이다. 우리는 바다에서 나는 김과 미역 같은 해조류를 통해 영양을 공급받고, 바다의 영양소인 플랑크톤을 섭취한 작은 고기, 큰 고기의 먹이사슬을 통해 영양소를 공급받는다.

그런데 노아의 홍수가 있은 후 물에 다 빠졌는데 어떻게 지면에 채소가 있었겠는가? 그렇다고 굶어죽을 수는 없었다. 창세기 9장에서 하나님은 이렇게 말씀하셨다.

"모든 산 동물은 너희의 먹을 것이 될지라 채소같이 내가 이것을 다 너희에게 주노라"(창 9:3).

노아의 홍수 이후 물이 빠지고 땅에서 식물이 자라기까지 시일이 걸렸다. 수확기가 이를 때까지 노아와 그 가족은 방주에 있던 초식동물을 식량으로 삼았다. 하나님이 노아의 홍수 이후 땅의 모든 짐승, 공중의 모든 새, 땅에 기는 모든 것, 바다의 모든 물고기 등 살아 있는 동물을 채소처럼 먹을거리로 우리에게 허락하신 것이다. 즉 하나님이 채식과 육식을 같이 하도록 허락하신 것이다.

그런데 지금 우리는 한쪽으로만 치우치려고 한다. 물론 육식에는 단점이 있다. 채식의 단점보다 더 많이 언급된다. 하지만 무기질, 철분, 칼슘, 비타민 D, 비타민 B12, 엽산 등의 영양소는 식물에 없으며 동물성 식품에서만 얻게 되어 있다. 그중에서도 특히 비타민 B12는 적혈구 생산에 필수적인 영양분인데, 비타민 B12가 부족하면 빈혈이 온다. 그래서 육류와 단백질을 반드시 섭취해야 몸의 건강이 유지된다.

요즘 과도하게 육류를 섭취하는 다이어트 방법이 있다. 고기만 먹는 다이어트로, 살이 빠진다. 그 이유가 무엇일까? 고기는 단백질 식품으로서 포만감을 증가시키지만 40% 이상이 지방으로 이루어져 있다. 그렇기 때문에 많이 먹으면 살이 찌게 된다. 하지만 고기만 먹으면서 대사 작용의 변화로 살이 빠지는 경우가 있는데, 이것이 일명 '황제 다이어트'다.

황제 다이어트의 원리는 탄수화물의 섭취를 극도로 제한해 체중을 감소시키는 것이다. 우리 몸은 탄수화물과 지방으로부터 혈당을 유지한다. 탄수화물을 전혀 먹지 않으면 몸에 축적된 지방을 분해해 혈당을 유지하기 때문에 체중이 줄어든다. 체중을 강제로 감량시키는 방법인 것이다. 강제적인 것에는 반드시 부작용이 따르기 마련이다. 고기 다이어트를 했던 분들 중에 두통 등의 부작용을 경험해 본 경우가 있을 것이다. 이처럼 무리한 황제 다이어트는 여러 가지 부작용을 가져올 수 있기 때문에 의학적으로 추천하는 다이어트법이 아니다. 또한 과도한 고기의 섭취로 동맥경화의 위험에 노출될 수 있으므로 주의해야 한다.

우리는 하나님이 채소와 육류 모두를 먹을거리로 주셨기 때문에 균형 있는 식사를 해야 한다. 육류를 먹을 때는 가급적 초지에서 풀을 먹고 자란 고기를 먹도록 하자. 그리고 식물성 단백질을 많이 섭취해 동물성 단백질의 양을 줄이자. 질 좋은 고기를 소량으로 먹으면서 각종 채소를 곁들이는 것이 좋다. 채소에 포함된 비타민 C의 항산화 효과가 동물성 단백질에서 나오는 해로운 물질을 중화시키고, 아울러 채소의 식이섬유가 육류의 장내 체류 시간을 단축시켜 대장암을 예방하기 때문이다.

그런데 우리는 균형 있게 먹기보다 육식을 많이 한다. 육식을 하면 상대적으로 체내에 산성 물질이 많이 생성된다. 그래서 항산화 물질이 많이 함유된 채소와 과일을 육식과 함께 반드시 섭취해야 한다. 한 종류에 치우쳐서 먹는 것은 성경적 원리에 위배된다.

2. 피토케미컬로 꾸민 무지개 식탁으로 눈 호강, 몸 건강

공부를 하다가 중요한 부분에는 빨간 밑줄을 치듯이, 건강에 중요한 채소일수록 색깔이 진하다. 채소의 색깔을 예로 들어 보면, 보라색은 가지, 초록색은 오이, 브로콜리, 빨간색은 토마토, 주황색은 당근, 호박, 흰색은 버섯, 마늘, 검정색은 콩류와 곡물류가 있다.

이렇게 색깔이 진한 채소나 식물에는 '피토케미컬'이라는 영양소가 풍부하게 들어 있다. 피토케미컬이란 식물을 뜻하는 '피토', 화학 물질을 뜻하는 '케미컬'의 합성어로, '식물생리활성영양소', 또는 '식물내재영양소'라고도 한다. 하나님이 사람에게 꼭 필요한 피토케미컬이 많이 들어 있는 채소일수록 눈에 잘 띄게끔 강력한 색깔을 주신 것 같다. 우리 몸에 꼭 필요하다고 일부러 강조하신 것이다.

식물에는 3대 영양소인 탄수화물, 단백질, 지방과 비타민, 무기질 같은 필수 영양소가 들어 있다. 그런데 피토케미컬은 필수 영양소가 가지지 못한 여러 중요한 작용을 한다. 특히 화려하고 짙은 색을 가진 식물에 유독 많이 들어 있으며, 식물을 통해서만 섭취될 수 있다는 사실이 알려졌다.

피토케미컬은 종류가 1만 가지가 넘는다. 비타민은 A, B, C, D 등 몇 가지 안 되지만, 이처럼 종류가 많은 피토케미컬은 어떻게 그 이름을 기억하면서 먹을 것인가? 어떻게 해야 건강에 좋은 피토케미컬을 많이 섭취할 수 있을까?

대답은 매우 간단하다. 무지개 색깔의 채소나 과일로 식단을 짜는 것이다. 잘 알려진 대표적인 피토케미컬의 예를 들어 보자. 토마토, 수박, 자몽에는 심장 질환과 전립선암을 예방하는 '리코펜'이라 불리는 피토케미컬이 있으며, 딸기, 블루베리, 포도에는 항암, 항산화 효과가 있는 '플라보노이드'라는 피토케미컬이 풍부하다.

주황색 식물인 당근, 망고, 호박, 고구마에는 '카로티노이드'라는 피토케미컬이 많다. 인체에 들어온 카로티노이드는 몸에 필요한 비타민 A로 전환되고, 남은 카로티노이드는 활성산소의 반응을 억제하고 콜레스테롤의 산화를 예방해 동맥에 프라그가 쌓여 동맥경화가 되는 것을 억제한다.

녹색 식물인 시금치, 부추, 무청, 완두에는 '루테인'과 '제아잔틴'이라는 피토케미컬이 풍부하다. 루테인은 노인 실명의 주원인인 황반변성에 걸릴 위험을 낮춰 준다. 브로콜리와 양배추에는 여러 피토케미컬이 복합적으로 들어 있다. 이들은 강력한 항암 피토케미컬로, 이상 세포인 암세포가 증식하지 않고 죽도록 유도한다.

몸이 대사를 하는 과정에 활성산소가 나오는데, 활성산소는 세포를 죽이고 사람을 늙게 한다. 불이 났을 때 물로 끄듯이, 몸의 대사 과정에서 나오는 활성산소를 없애 주는 것이 항산화제다. 채소에 있는 피토케미컬이 항산화제 역할을 한다. 그러므로 채소를 많이 먹으면 노화가 방지되고, 항암 효과도 얻을 수 있다.

이처럼 피토케미컬은 해독 작용, 항염증 작용, 노화 방지 기능이 있으며, 면역력을 강화시켜 준다. 각종 심장 질환을 예방하고, 치매 진행을 지연시키며, 암에 걸릴 확률을 낮춰 준다. 이처럼 식물로부터 섭취한 피토케미컬은 우리 몸 안에서 소리 없이 부지런하게 일하며 각종 위협으로부터 우리 몸을 보호해 준다.

무지개 색깔의 채소로 식단을 꾸며라! 무지개는 노아의 홍수 후 하나님이 주신 언약의 징표다. 피토케미컬을 우리 몸의 건강을 지키라고 하나님이 약속의 증표로 주신 건강 무지개라고 생각하자.

창세기 9장에서 하나님은 "다시는 모든 생물을 홍수로 멸하지 아니할 것이라……내가 내 무지개를 구름 속에 두었나니 이것이 나와 세상 사이의 언약의 증거니라"(창 9:11-13)라고 말씀하셨다. 하늘의 무지개는 홍수에 의한 멸망이 다시는 없을 것이라는 하나님의 약속의 증거인 반면, 땅에서의 건강에 대한 약속은 식물과 채소의 무지개로 나타난 것이다. 하나님이 세상을 멸망시키지 않겠다는 약속에 인간의 건강을 위한 약속의 증거를 더하신 것이라고 생각한다. 하나님이 과일과 채소에 피토케미컬로 색을 입히심으로 피토케미컬이 우리의 건강에 중요하다고 밑줄을 치신 것이다.

무지개 식단을 우리의 식탁에 옮겨 놓으면 건강이 지켜질 것이다. 피토케미컬은 종류가 대단히 많다. 중요한 것은 다양성이다. 여러 종류의 피토케미컬을 함께 먹으면 우리 몸에서 서로 상승 작용을 일으킨다. 따라서 과일과 채소를 다양하게 먹을수록 건강에 좋은 여러 종류의 피토케미컬을 섭취할 가능성이 높다. 진한 색깔을 가진 색색의 채소로 눈도 즐겁고, 건강도 돌보는 무지개 식탁을 꾸며 보자.

3. 짠맛 중독에서 벗어나 싱거운 맛을 즐겨라

'링겔'이라는 말을 모르는 사람은 거의 없을 것이다. 정확한 명칭은 '링거액'(Ringer's solution)이며 의학적으로 '생리식염수'라고 부른다. 링겔은 바로 소금물이다. 인간에게 소금은 생리적으로 필수불가결한 것이다. 그 이유는 소금이 체내, 특히 체액인 혈액에 존재하며, 혈관 내 혈액의 삼투압 유지라는 중요한 역할을 하고 있기 때문이다.

인간의 혈액 속에는 0.9%의 염분이 함유되어 있다. 혈액 내의 소금 농도와 동일한 생리적 농도로 제조한 것이 생리식염수 링겔이다. 탈수되어 수분을 공급하려 할 때, 피를 많이 흘려 응급으로 혈액량을 유지하려 할 때 정맥에 투여하는 것으로, 모든 치료의 기본이 된다.

소금의 성분인 나트륨은 쓸개즙, 이자액, 장액 등 알칼리성의 소화액 성분이 된다. 만일 소금 섭취량이 부족하면 이들 소화액의 분비가 감소해 식욕이 떨어진다. 또한 나트륨은 식물성 식품에 많이 들어 있는 칼륨과 항상 체내에서 균형을 유지하고 있다. 칼륨이 많고 나트륨이 적으면 심장이 멎어 생명이 위태로운 상황이 벌어진다. 또 소금의 성분인 염소는 위액의 염산을 만들어 주는 재료로서 중요한 역할을 한다.

맛에는 단맛, 신맛, 짠맛, 쓴맛, 매운 맛 등 다양한 맛이 있다. 그런데 만약 짠맛이 없다면, 즉 음식에 간이 들어가지 않는다면 어떨까? 흔히 음식을 만들면서 '간' 이야기를 많이 한다. 간이 맞아야 된다. 결국 짠맛을 이야기하는 것이다. 단것으로 간을 맞추는 사람은 없을 것이다.

이처럼 짠맛은 매우 중요하다. 그런데 병원에 입원한 환자들에게는 저

염식을 제공한다. 싱겁게 먹는 것은 누구에게든 건강에 좋다. 그러나 환자들은 가뜩이나 입맛도 없는데 싱겁게 먹으라고 하면 더 힘들어한다. 그래서 병을 회복하는 기간에는 건강을 찾을 때까지 간을 맞추어 입맛에 맞게 먹고, 평소 건강할 때는 싱겁게 먹는 편이 좋다.

성경에도 소금이 들어가야 맛이 있다는 말씀이 있다.

"싱거운 것이 소금 없이 먹히겠느냐 닭의 알 흰자위가 맛이 있겠느냐"
(욥 6:6).

우리나라는 예로부터 젓갈, 소금에 절인 생선, 장아찌, 김치 밑 맛을 내기 위한 장류에 이르기까지 소금을 많이 사용하는 식품을 섭취해 왔다. 보통 우리나라 사람들은 하루에 많게는 15g의 소금을 먹는다고 하는데, 권장량은 5g이다. 권장량보다 많게는 3배를 더 섭취하고 있는 것이다. 짠맛의 주범은 바로 국물이다. 국물 한 그릇을 다 마시면 엄청난 소금을 먹게 된다. 그리고 염도가 있는 장아찌나 젓갈도 소금의 양이 무척 많다.

소금의 역할은 부패를 방지하는 것이다. 썩지 않게 하려고 절임을 할 때 소금을 뿌리는 것을 보면 알 수 있다. 예수님도 우리에게 세상의 소금이 되라고 하시지 않았는가! 소금은 균의 번식을 억제하는 능력이 있다. 소금에 절인 음식은 부패가 느리기 때문에 오래 보관할 수 있다.

성경을 보면 구약시대의 정결 의식에 소금을 사용한 기록이 있다.

"네가 난 것을 말하건대 네가 날 때에 네 배꼽 줄을 자르지 아니하였고 너를 물로 씻어 정결하게 하지 아니하였고 네게 소금을 뿌리지 아니하였고 너를 강보로 싸지도 아니하였나니"(겔 16:4).

소금은 부패를 막기 때문에 언약을 변함없이 지킨다는 징표로도 사용되었다.

"이스라엘 자손이 여호와께 거제로 드리는 모든 성물은 내가 영구한 몫의 음식으로 너와 네 자녀에게 주노니 이는 여호와 앞에 너와 네 후손에게 영원한 소금 언약이니라"(민 18:19).

"이스라엘 하나님 여호와께서 소금 언약으로 이스라엘 나라를 영원히 다윗과 그의 자손에게 주신 것을 너희가 알 것 아니냐"(대하 13:5).

예수님은 우리에게 세상의 소금이 되어 세상을 정결하게 하라고 명령하셨다.

"너희는 세상의 소금이니 소금이 만일 그 맛을 잃으면 무엇으로 짜게 하리요 후에는 아무 쓸데없어 다만 밖에 버려져 사람에게 밟힐 뿐이니라"(마 5:13).

부패를 방지하는 소금이 입맛까지 돋우니 식탁에서 소금을 줄이기란 참으로 어렵다. "세 살 적 버릇이 여든까지 간다"라는 속담이 있다. 이러한 이유로 어려서부터 싱겁게 먹는 것이 중요하다.

그렇다면 왜 짜게 먹는 것이 나쁜가? 우리 몸의 혈액 내에 소금이 많이 들어오면 혈관 내부에서는 혈액의 농도를 일정하게 맞추려는 생리현상이 일어난다. 소금을 과다하게 섭취해 피가 너무 걸쭉해지면 혈관 밖에 있는 수분을 혈관 내로 가지고 들어와 혈액의 농도를 낮추게 된다. 이렇게 혈관 외부로부터 혈관 내로 물이 이동해 혈액의 양이 증가하면 혈관 내 압력이 높아져 혈압이 올라가는데, 이것이 바로 고혈압이다. 정리하면, 짜게 먹으면 혈액량이 늘어나면서 혈압이 올라간다.

또한 짜게 먹으면 위암이 생길 가능성이 높아진다. 소금 성분 중에 아질산염이 있는데 이것은 위벽에 상처를 내고, 음식의 단백질과 만나면 강력한 발암 물질인 니트로소아민을 발생시켜 위암을 일으키는 원인이 된다. 이때 비타민 C는 니트로소아민이 생성되는 반응을 억제하는 역할을 한다.

그렇다면 가장 좋은 식습관은 무엇인가? 고혈압과 암을 예방하려면 반드시 싱겁게 먹어야 한다.

식당에서 주문한 설렁탕이 나오면 습관적으로 간도 보지 않고 무조건 소금부터 넣는 사람들이 많다. 설렁탕에 소금을 치지 않고 먹으면 본연의 맛을 느낄 수 있다. 대개 식도락가들은 음식에 소금을 잘 치지 않는다. 또 탕수육은 어떤가? 습관적으로 간장에 찍어 먹는다. 설렁탕에는 소금을 치지 말고, 탕수육을 먹을 때는 간장 종지를 치워 버리자.

상품화된 음식은 맛이 없으면 팔리지 않기 때문에 달고 짤 수밖에 없다. 소비자들의 잘못된 입맛이 식당 음식을 달고 짜게 만들었다.

4. 당뇨, 이길 수 있다

옛날에는 하루에 사과 하나씩을 먹으면 의사가 필요 없다고 했다. 무기질 등의 영양소가 사과에 많았기 때문이다. 그런데 요즘은 사과 40개를 먹어야 옛날 사과의 효과가 난다고 한다. 사람들이 단맛만 좋아하니까 자꾸 사과를 개량해 당도만 올라가고 무기질은 옛날보다 훨씬 적어진 것이다.

우리 몸은 쓴맛은 싫어하고 단맛은 좋아한다. 아이들은 감기에 걸리면 목이 부어서 삼킬 때마다 목이 아파 약도 잘 못 먹는다. 이때 약을 잘 먹이는 요령은 아이스크림에 약을 섞어서 먹이는 것이다. 단맛과 차가운 맛 때문에 쓴맛을 모르고, 찬 기운에 목도 덜 아파 잘 삼킨다. 그러나 어릴 때부터 단맛에 입맛을 들이면 달지 않은 음식은 먹으려 하지 않아 이유식에 실패하는 경우가 종종 있다. 세 살 적 버릇이 여든까지 가기 때문에 이유식을 시작할 때는 가능하면 달지 않게 해야 한다.

성경에는 여호와께서 이스라엘 백성을 시험하면서 단맛을 사용하신 기록이 있다. 출애굽기 15장에서 하나님은 출애굽한 지 며칠 지나지 않아 불평하는 이스라엘 백성을 단련하시기 위해 마라의 쓴물과 단물을 이용하셨다.

"모세가 홍해에서 이스라엘을 인도하매 그들이 나와서 수르 광야로 들어가서 거기서 사흘 길을 걸었으나 물을 얻지 못하고 마라에 이르렀더니 그곳 물이 써서 마시지 못하겠으므로 그 이름을 마라라 하였더라 백성이 모세에게 원망하여 이르되 우리가 무엇을 마실까 하매 모세가 여호와께 부르짖었더니 여호와께서 그에게 한 나무를 가리키시니 그가 물에 던지니 물이 달게 되었더라 거기서 여호와께서 그들을 위하여 법도와 율례를 정하시고 그들을 시험하실새"(출 15:22-25).

당뇨병이란 무엇인가? 소변에 당이 많이 나오는 것이다. 그렇다면 왜 소변에 당이 많이 나오는 것일까? 우리 몸에 필요한 당 이상으로 너무 많은 당을 섭취하면 불필요한 당을 소변으로 내보내게 된다. 많은 양의 당이 소변으로 배출되는 질병이 당뇨인 것이다.

요즘 젊은 사람들은 밤 12시가 넘어서까지 컴퓨터 앞에서 쉬지 않고 먹는다. 혈액 내 당을 조절하는 호르몬인 인슐린은 췌장에서 나온다. 당뇨병 환자가 증가하는 이유는 야간 활동이 지속되다 보니 밤이 지나도록 쉼 없이 췌장에서 인슐린이 나오다가 분비를 포기했기 때문이다. "그만 좀 먹어라. 나는 도저히 밤새 일을 못하겠다!" 하고 외친 것이다.

인슐린이 부족하기 때문에 당뇨병 환자는 인슐린이라는 약을 외부로부터 공급받아야 한다. 그러나 당뇨병에도 여러 종류가 있다. 인슐린은 정상적으로 분비되는데 세포가 저항해 인슐린이 효과적으로 혈당을 떨어뜨리지 못하는 당뇨병도 있다.

당뇨병의 가장 큰 문제는 혈당이 높아질 경우 혈관이 다 망가진다는 것이다. 우리 몸에 혈관이 가지 않는 곳은 없다. 심장 혈관이 망가지면 심근경색이 되고, 뇌의 혈관이 망가지면 중풍이 되고, 콩팥의 혈관이 망가지면 신장의 기능이 상실되므로 혈액 투석을 해야 한다.

콩팥은 주방에서 사용하는 체와 같다. 우리 몸에서 노폐물, 즉 필요 없는 것들은 걸러서 내보내고, 필요한 것은 걸러서 우리 몸으로 다시 넣어 주는 역할을 한다.

콩팥은 가는 실이 뭉쳐 있는 실타래처럼 아주 가는 실핏줄이 모여 있는 혈관 덩어리로서, 혈관 손상을 받을 때 몸의 다른 혈관들보다 가장 먼저 손상을 입는다. 콩팥의 혈관이 손상되어 노폐물을 걸러 내보내는 역할을 못하게 되면 혈액 투석 기계가 콩팥의 역할을 대신해 노폐물을 몸 밖으로 내보내게 되는데, 이것이 혈액 투석이다. 오랫동안 당뇨병을 앓아 혈당 조절에 실패하면 심지어 발가락 혈관까지도 손상을 입어 피가 공급되지 않아 괴사되어 발가락을 절단하게 되기도 한다.

사람은 쓴맛보다 단맛을 좋아하도록 창조되었다. 우리는 이러한 하나님의 창조 원리에 너무 충실해서 당장 입에 달콤하고 먹기 좋은 음식을 탐하는 식습관이 몸에 배어 있다. 당뇨병이 생겨서 고생하지 않으려면 평소에 좋은 식습관을 가져야 한다. 당뇨병 환자들에게는 소식을 권한다. 한꺼번에 당을 많이 섭취해 혈당이 급격하게 올라갔다가 떨어지는 것보다는 음식을 적게 먹으면서 중간중간 간식을 섭취하는 편이 혈당의 급격한 변화를 막아 주기에 더 낫다.

당뇨병 환자는 같은 양이라도 여러 번에 나누어 먹는 것이 고혈당을 예방할 수 있는 방법이다. 간식 섭취 빈도는 하루에 1-2회가 적당하고, 아침과 점심 사이, 점심과 저녁 사이에 먹는 것이 효과적이다. 빵과 과자 종류는 탄수화물이 많아 피해야 한다.

간식의 종류로는 식사에서 부족하기 쉬운 영양소를 보충해 주는 음식이 좋다. 다양한 비타민과 칼슘 등의 무기질과 식이섬유가 풍부한 여러 영양소를 혼합해 먹는 것이 좋고, 칼로리는 한 번에 150kcal를 넘지 않도록 유의해야 한다.

이러한 조건에 해당되는 간식에는 과일이나 유제품이 있다. 이때 과일은 비타민과 피토케미컬이 풍부하지만 당질도 많이 함유되어 있으므로 1회 섭취량을 조절할 필요가 있다. 유제품으로 추천하는 것은 우유나 두유다. 심혈관계 질환이 동반된 경우에는 저지방 우유를 권한다. 우유를 소화시키지 못하는 경우 두유를 선택할 수 있는데 가당 두유는 피하도록 한다. 이외에 오이, 무, 콜라비, 파프리카, 당근 등의 채소류는 비타민, 피토케미컬, 섬유소가 풍부하면서도 당질과 칼로리는 적어 자유롭게 추가로 먹어도 된다. 음료수로는 녹차나 보리차 등 달지 않은 맑은 차를 자주 마시는 것이 좋다.

그러나 음식을 먹고 싶다면 칼로리와 영양소 성분을 보고 섭취량을 조절하거나 마신 만큼 운동량을 증가시키는 것도 방법이다.

여호와 하나님은 출애굽기 15장 26절에서 이렇게 말씀하셨다.

"이르시되 너희가 너희 하나님 나 여호와의 말을 들어 순종하고 내가 보기에 의를 행하며 내 계명에 귀를 기울이며 내 모든 규례를 지키면 내가 애굽 사람에게 내린 모든 질병 중 하나도 너희에게 내리지 아니하리니 나는 너희를 치료하는 여호와임이라."

하나님은 치료하시는 여호와, 즉 '여호와 라파'를 선언하셨다. 쓴물을 단물로 바꾸신 기적이 기록된 출애굽기 15장 말미에 치료하시는 여호와 라파를 선포하신 것이다. 그렇기에 우리는 의사의 손을 통해 치료하시는 하나님을 믿고 꾸준히 식습관을 개선해 당 섭취를 줄이고 규칙적으로 운동하는 습관을 가져야 한다. 그러면 우리 몸에 과다한 혈액 내의 당을 소모해 당뇨병을 치료하고 예방할 수 있다.

 백세 시대, 덜 아프면서 건강하게 오래 살기 위한 Tip 2

1. 건강을 위해서는 채소와 과일을 육식과 함께 균형 있게 섭취하는 것이 좋다. 편식은 성경적 원리에 위배된다.
2. 피토케미컬은 해독 작용, 항염증 작용, 노화 방지 기능 등 우리 몸 안에서 소리 없이 부지런하게 일하며 우리 몸을 보호해 준다.
3. 무지개 색깔의 채소나 과일로 식단을 짜라. 여러 종류의 피토케미컬을 함께 섭취하면 우리 몸에서 서로 상승 작용을 일으킨다.
4. 짠맛을 절제하고 싱겁게 먹는 습관을 들여라. 너무 달지 않게 먹어라.

3장
자세: 모든 통증의 원인인 비대칭 근육을 바로잡자

1. 나이 들어 삭신이 쑤시지 않으려면?

어르신들이 하시는 말씀 중 흔한 표현이 "삭신이 쑤신다"라는 것이다. 말을 하지 않아서 그렇지 중년기에 들어선 사람들은 점점 아픈 곳이 많아질 것이다.

왜 나이가 들수록 아픈 곳이 많아질까? 우리 몸의 자세가 좌우로 대칭 되기보다는 어느 한쪽으로 삐딱하게 기울어져 있다는 사실을 아는 사람은 드물다. 통증의 원인은 삐딱한 신체의 모양 때문이다. 자세를 바로잡으면 대부분의 통증이 사라진다.

바른 자세의 몸은 앞에서 볼 때 오른쪽이나 왼쪽, 어느 쪽으로도 기울어져 있지 않다. 옆에서 볼 때도 몸을 꼿꼿하게 세워 얼굴과 몸통과 하체가 일직선이 되는 등 전후의 균형을 이루어야 한다. 어깨는 상하좌우 어느 한쪽으로 기울어져서는 안 되고, 목을 꼿꼿하게 세웠을 때 머리가 가슴 앞으로 튀어나오지 않아야 한다.

몸의 근육이 대칭이 이루어지지 않으면 왜 통증이 올까? 자동차 바퀴를 한번 생각해 보라. 자동차의 3개의 바퀴가 16인치인데 한 바퀴만 18인치를 달면 어떻게 되겠는가? 차체가 손상을 받아 오래가지 못해 정지하고 말 것이다. 그만큼 근육의 균형이 중요하다.

얼굴도 좌우대칭이 되는 근육들로 구성되어 있다. 눈꺼풀을 움직이는 좌우 근육이 균형과 조화를 이루지 못하면 한쪽 눈이 떠지지 않는다. 입술을 움직이는 근육의 대칭이 무너지면 웃을 때 입술이 한쪽으로 찌그러진다. 이처럼 근육의 대칭과 조화는 중요하다. 통증의 80%는 근육과 인대에서 온다. 뼈나 신경에서 비롯한 통증은 많지 않다. 그렇기 때문에 평소 바른 자세를 유지하는 습관이 중요하다.

거울 앞에서 자신의 모습을 한번 보자. 좌우대칭이 이루어졌는가? 어느 한쪽으로 기울어지지는 않았는지 자세히 보라. 그리고 옆모습을 유심히 보라. 귀와 팔이 일직선상에 있어야 한다.

목의 무게는 약 4kg 정도다. 바른 자세, 즉 귀와 팔이 일직선상에 있으면 머리의 무게는 거의 느껴지지 않는다. 그러나 나이가 들수록 나쁜 자세 습관 때문에 전후의 균형이 깨져 머리가 전방으로 튀어나온다. 머리와 목이 팔보다 전방으로 튀어나올수록 머리의 무게가 많게는 15kg까지 늘어난다.

15kg이나 되는 머리의 무게를 지탱하기 위해 목과 등, 즉 가슴 뒤쪽 근육들이 엄청나게 긴장한다. 그렇다 보면 가슴의 앞쪽과 뒤쪽 근육의 균형이 무너진다. 목과 등의 근육이 긴장으로 피로해 굳어지면 엄청난 아픔이 찾아온다. 목 근육과 얼굴 근육은 서로 연결되어 있기 때문에 얼굴 근육이 같이 긴장해 두통까지 유발한다. 목의 뒤쪽 근육을 키우는 운동을 해 근육에 힘이 생기면 전방으로 돌출되었던 머리가 제자리로 돌아와 꼿꼿한 자세를 유지해 목의 통증이 사라진다.

허리 통증은 좌우 허리 근육의 대칭이 깨져 근육이 경직되어 발생한다. 한 쌍의 근육 중 어느 한쪽의 근육에 문제가 생기면 균형을 유지하기 위해 반대쪽 근육이 과다한 일을 해 경직된다. 이처럼 우리 몸의 근육은 사슬처럼 연결되어 있어 한곳이 비뚤어지면 연쇄적으로 문제가 일어나 통증이 주위 여러 곳에서 나타난다.

사람은 출생 시 모든 근육이 좌우로 한 쌍씩 완벽한 대칭을 이룬 상태로서, 균형을 유지한 채 태어난다. 하지만 나이가 들수록 잘못된 자세와 좋지 못한 생활 습관 때문에 균형이 깨지고 만다. 예를 들어, 다리를 꼬고 앉는 습관이 있으면 골반이 비뚤어진다. 비뚤어진 골반 때문에 허리 통증이 생긴다. 특히 여성들은 앉을 때 다리를 꼬는 자세를 종종 취한다. 이 자세가 습관이 되어 허리가 자주 아프다. 다리를 꼬고 앉고, 목을 빼고 다니면 목과 허리가 아프다.

따라서 앉을 때는 항상 다리를 가지런히 펴고 바른 자세로 앉아 골반이 틀어지지 않도록 주의해야 한다. 앉아 있을 때 엉덩이를 뒤로 밀고 목을 세워 보자. 이처럼 좋은 자세를 유지하는 사람은 목 통증이나 허리 통증에서 자유롭다.

　목이나 허리가 아플 때 지압, 마사지, 부황 등 여러 가지 치료를 받으면 분명히 효과는 있다. 근육의 긴장을 풀어 주어 통증을 일시적으로 감소시키기 때문이다. 그러나 근본적인 원인은 비대칭이기 때문에 경직된 근육을 대칭되도록 교정하지 않으면 근육이 다시 긴장하게 되고 이내 통증이 찾아온다.

　성인의 척추 뼈는 26개로 구성되어 있는데, 26개의 뼈 사이사이를 이어 주는 것이 근육과 인대다. 그런데 척추 뼈끼리 근육과 인대로만 연결시키면 유연성이 없고 충격이 오면 바로 뼈에 손상이 발생한다. 우리가 허리와 관련된 질환을 말할 때 종종 사용하는 '디스크'는 허리 병의 이름이 아니라 척추 뼈 사이에 위치해 유연성을 주고 충격을 흡수하는 물렁뼈의 이름이다. 정확히 말하면, 디스크의 의학적 명칭은 '추간판'이고, 허리 통증의 병명은 '추간판 탈출증'이다.

　추간판 탈출증, 즉 디스크는 왜 생기는가? 노화에 의해 물렁뼈가 변형되었거나, 과격한 운동을 했거나, 무거운 물건을 갑자기 들다가 척추 뼈와 뼈 사이에 있는 물렁뼈인 디스크가 터져 밖으로 탈출했기 때문이다. 신경들은 척추를 통해서 사지로 내려가는데, 허리 디스크가 터지면 하지 신경을 누르므로 통증이 다리로 뻗친다.

　그러나 허리 통증 환자들 중에서 추간판 탈출증이 원인인 사람은 별로 많지 않다. 대부분 바르지 않은 자세로 인해 척추 뼈 사이의 근육이 비대칭되어 통증을 유발한 경우다.

허리 통증의 원인은 다양하다. 추간판 탈출증이나 50대 이상에서 노화 현상으로 척추관이 좁아져 나타나는 증상인 척추관 협착증은 MRI 검사 등으로 진단이 가능하다. 그러나 허리 통증의 원인 중 80%를 차지하는 요추 염좌는 근육이 긴장하거나 인대, 힘줄, 관절이 손상된 데서 비롯한다. 근육이나 인대의 미세한 손상은 MRI 검사에 나타나지 않는다.

이 경우 운동을 통해 통증을 완화할 수 있다. 통증이 심하더라도 2-3일 정도 휴식을 취한 후 의사의 처방에 따라 운동을 시작해야 한다. 허리 근처의 근육을 좌우 균형 있게 강화해야 한다. 물리치료, 초음파 치료, 열 치료, 약물 치료를 하면 일시적으로 도움이 된다. 그러나 통증의 원인이 되는 비대칭된 근육의 균형을 바로잡지 않으면 통증이 재발하는 경우가 많다.

우리나라의 건강검진에서 더 개발되어야 할 부분이 근육에 대한 검진 프로그램이라고 생각한다. 근육의 어느 부위가 어느 정도로 비대칭이 되었는지 정확하게 알고, 비대칭된 근육을 운동시켜 균형을 찾아 주어야 몸이 아프지 않다. 젊어서부터 좋은 자세를 유지하는 습관을 들인다면 나이가 들어서 삭신이 쑤시고 아픈 일을 예방할 수 있을 것이다.

모든 피조물은 하나님의 빈틈없고 세심한 계획에 맞춰 창조되었다. 인간의 몸도 하나님의 뜻 가운데 완벽한 대칭의 모습으로 만들어졌다. 하나님이 주신 창조의 모습 그대로 가꾸기 위해 노력하는 것은 우리의 사명이다. 말씀으로 우리의 영을 새롭게 하고, 건강한 생활 자세 습관으로 몸을 리모델링하자.

2. 체중 감량을 위해 칼로리를 태우는 유산소 운동

운동에는 유산소 운동과 무산소 운동이 있다. 자동차가 어떤 에너지를 이용해 움직이는지를 살펴보면 두 운동의 차이가 쉽게 이해된다. 자동차를 운전할 때 차의 엔진은 산소를 공급받아 가솔린이나 디젤을 산화, 연소시켜 동력을 얻어 움직인다. 이것이 유산소 운동이다. 최근 전기 자동차가 출시되었는데, 전기 자동차는 산소가 필요 없이 이미 축적된 전기 에너지를 사용해 자동차를 움직인다. 이것은 무산소 운동에 해당된다. 다시 말해, 유산소 운동은 체중 감량을 위해 칼로리를 태우는 운동이고, 무산소 운동은 근육을 만드는 운동이다.

운동을 시작할 때 초기 에너지는 '글루코겐'이라는 탄수화물에서 나온다. 그러나 운동을 오래 지속하면 지방을 태워서 나오는 에너지를 사용한다. 즉 운동을 오래할수록 지방이 줄어들어 체중이 빠진다.

복부 지방이나 간에 있는 지방을 태우기 위해서는 산소가 필요하다. 오래하는 운동일수록 산소를 계속 공급해 주어야 한다. 산소는 폐를 통해 공급받는다. 폐에 들어온 산소를 우리 몸 곳곳에 운반하는 부위는 심장이다. 폐가 큰 호흡을 하면서 산소를 많이 들이마시고, 혈관이 확장되면서 들이마신 산소를 근육에 충분히 운반해 주게 된다. 이처럼 유산소 운동의 장점은 칼로리와 지방을 태워 체중이 줄어듦과 동시에 폐와 심장이 건강해진다는 것이다.

유산소 운동은 어떻게 해야 할까? 숨이 차면 안 된다. 30분 이상 하되, 노래를 부르면서 숨을 열심히 쉴 수 있을 정도로 무리가 되지 않게 운동해야 한다. 30분 이상 운동해야 하는 이유는 그때부터 지방이 타기 시작하기 때문이다. 숨이 차지 않는 운동 중에서 걷기, 자전거 타기, 수영, 크로스컨트리, 에어로빅댄스, 계단 오르기 등이 유산소 운동에 해당한다.

유산소 운동을 할 때는 지방을 연소시키는 것이 목적이다. 이때 중요한 것은 저강도로 오랫동안 운동하는 것이다. 저강도 운동이란 호흡을 일정하게 유지한 채 운동을 수행하는 것을 말한다. 그런 면에서 지방을 연소하기 위해서는 저강도 운동인 걷기 운동이 가장 쉽고 효과적이다.

걷기 운동의 좋은 점은 아무리 강조해도 지나치지 않다. 걷기에 좋은 운동화를 한 켤레 사서 관절에 무리가 없는 부드러운 지면을 걷고 또 걷자. 공짜로 하는 걷기 운동을 30분 이상 주 4회 하는 습관이 생기면 1년 뒤 친구들도 알아보지 못할 정도로 날씬하고, 건강하고, 젊은 모습으로 변해 있을 것이다. 단, 윈도우 쇼핑과 교통이 혼잡한 도로 옆은 피하자. 미세먼지 등 오염 물질이 폐 속에 스며들면 제거하기 어렵기 때문이다.

걷기에서 중요한 것은 30분 이상 걸어야 한다는 것이다. 아침, 점심, 저녁에 각각 10분씩 걸을 경우 같은 30분이라도 별로 효과가 없다. 30분 이상을 한꺼번에 지속적으로 걸어야 심장과 폐, 그리고 혈관에 부담을 주고, 그 부담을 극복하는 능력이 생기며, 칼로리 소모가 증가하는 효과를 볼 수 있다.

걷기 운동 시 올바른 방법은 이렇다. 첫째, 시선은 정면을 향하고 턱이 들리지 않도록 한다. 둘째, 어깨에 긴장을 풀고 배에 힘을 준다. 셋째, 발뒤꿈치가 먼저 지면에 닿도록 한다. 유산소 운동 시 노래를 부르면서도 빠르게 걸을 수 있다면 산소 공급이 잘되고 있다고 볼 수 있다. 산소 없이는 지방 연소가 원활하게 이루어지지 않기 때문에 호흡이 거칠어지지 않도록 걷는 것이 좋다. 능력 이상으로 빨리 걸어서 호흡이 거칠어질 경우 산소 공급이 부족하다는 뜻이다. 산소가 부족하면 원활한 지방 연소를 기대할 수 없기 때문에 천천히 편한 호흡으로 오랫동안 걸어야 한다.

운동 빈도는 각 개인의 건강과 체력 수준에 달려 있다. 일반 성인의 경우 최소한 일주일에 3회 정도는 운동을 해야 심폐 지구력이 향상되는데, 체력 수준이 높아지면 5회 정도로 늘려야 심폐 지구력의 지속적인 향상을 기대할 수 있다.

유산소 운동은 편안한 호흡을 지속하면서 할 수 있는 운동으로, '에어로빅스' 또는 '에어로빅 운동'이라고도 한다. 1968년 미국의 심장병 전문의인 케네스 쿠퍼가 심장병 치료를 위한 운동 요법으로 고안했다. 미국항공우주국 나사(NASA)에서 우주 비행사의 신체 적성 프로그램으로 이용하면서 큰 호응을 얻어 점차 대중 운동이 되었다.

유산소 운동은 몸 안에 최대한 많은 양의 산소를 공급함으로써 심장과 폐의 기능을 향상시킨다. 따라서 규칙적으로 유산소 운동을 하는 습관이 몸에 익으면 고혈압, 동맥경화, 고지혈증, 당뇨병 등 생활습관병을 적절히 예방할 수 있다. 비만을 해소하기 위해 식습관 조절과 병행하면 더 좋은 효과를 볼 수 있다.

특히 중년들은 체중 부담이 적은 운동을 많이 할 것을 권한다. 체중 부담이 있는 운동은 관절에 무리를 줄 수 있기 때문이다.

"오직 여호와를 앙망하는 자는 새 힘을 얻으리니 독수리가 날개 치며 올라 감 같을 것이요 달음박질하여도 곤비하지 아니하겠고 걸어가도 피곤하지 아니하리로다"(사 40:31).

이사야 선지자는 믿음의 달음질을 하거나 믿음의 길을 걸어갈 때 그리스도인의 영과 육은 피곤하지 않다고 말했다. 우리에게 호흡이 되시는 여호와를 앙망하고 예수 그리스도께서 우리 삶의 실체가 되실 때 우리는 피곤하지 않고 새 힘을 얻을 것이다. 삶의 모든 순간 주님과 함께 힘차게 걸을 때 영과 육의 건강을 모두 얻을 수 있다.

3. 산소 공급 없이 근육을 만드는 무산소 운동

무산소 운동은 급격하게 체력을 소비시키는 운동으로서, 한마디로 근육을 키우는 운동을 말한다. 저강도로 오랜 시간 하는 유산소 운동과의 차이점은 짧은 시간에 에너지 소비가 높은 고강도 운동을 한다는 점이다. 즉 힘이 들고 숨이 차서 오래 지속할 수 없는 형태의 운동이다.

운동을 할 때 숨이 찬다는 말은 운동에 필요한 산소가 부족하다는 것을 의미한다. 그래서 무산소 운동은 '언에어로빅스', '언에어로빅 운동'이라고도 부른다. 무산소 운동은 산소가 충분하지 않거나 없는 상태에서 이루어지기에 숨이 차고 힘이 많이 들어 2-3분 정도밖에 지속하지 못하는 단시간 운동이다. 무산소 운동에는 역도, 단거리 달리기, 팔 굽혀 펴기, 윗 몸 일으키기, 웨이트 트레이닝, 씨름, 잠수 등이 있다.

무산소 운동은 짧은 시간에 격렬한 운동을 해 근육을 발달시키고 근골격계 질환을 예방하고 치료하는 데 도움을 준다는 장점이 있다.

그렇다면 근육이 발달하면 우리 몸에 무엇이 이로울까? 먼저 근육이 발달한 사람은 기초 대사량이 증가해 살이 잘 안 찌는 체질이 될 수 있다. 기초 대사량이란 몸을 움직이지 않아도 우리 몸 내부에서 일어나는 심장 운동, 장 운동, 숨 쉬기 등과 같은 기본적인 활동에 소비되는 에너지를 뜻한다.

쉬운 예로, 근육이 200인 사람은 움직이지 않고 가만히 있어도 심장의 근육, 장의 근육, 근골격 근육에서 소모되는 에너지가 근육이 100인 사람보다 2배가량 높다. 두 사람이 같은 양의 식사를 한다고 하면 근육이 많은 사람의 경우 에너지 소비가 2배가 되어 살이 덜 찐다. 그리고 유산소 운동을 같은 시간과 강도로 한다면 근육이 200인 사람은 근육이 100인 사람보다 에너지 소비가 2배 더 이루어져 살이 빠지는 효과도 2배가 된다. 근육의 증가는 신진대사를 촉진해 지방 소모를 돕기 때문이다.

근육이 만들어지면 자세가 바르게 되고, 관절을 잘 받쳐 주어 몸무게의 하중 때문에 생기는 관절병과 관절의 통증을 예방할 수 있다. 일상생활에서 부상 위험이 줄어들고, 노화에 따른 근육 조직의 소실을 막아 주며, 골다공증 예방에도 도움이 된다.

무산소 운동을 통해 근육을 증가시키는 것은 당뇨병 환자에게 더욱 필요하다. 혈당을 내리기 위해서는 유산소 운동이 필요하지만 근육을 키우는 무산소 운동을 병행하는 것이 좋다. 당뇨병 환자가 유산소 운동을 할 경우 근육이 빈약할 때보다는 근육량이 많을 때 혈당이 떨어지는 속도가 빠를 것이다.

4. 유산소 운동 vs 무산소 운동: 어느 쪽이 더 좋은 운동법일까?

유산소 운동과 무산소 운동을 어떻게 활용하는 것이 좋을까? 일주일에 3일은 무산소 운동, 즉 근육 운동이 필요하다. 따라서 하루는 유산소 운동을 하고, 다음 날은 무산소 운동을 하는 등 교대로 운동하는 방법이 바람직하다.

나이가 들면 가장 흔한 골절이 엉치에 위치한 대퇴 골절이다. 다리 근육이 약하기 때문에 문지방에 쉽게 걸려 넘어지는데, 가볍게 넘어져도 대퇴 골절이 발생한다. 그런 면에서 나이가 들수록 하체 근육이 더욱 중요하다. 이런 이유로 일본의 노인 주택에는 문지방이 전혀 없다.

인생을 바퀴에 비유하면, 태어나서는 유모차 바퀴, 조금 더 크면 자전거 바퀴, 더 크면 자동차 바퀴, 그다음은 바로 휠체어 바퀴다. 다음에는 슬프게도 침대 바퀴다. 여기서 바퀴란 하체를 비유한다고 할 수 있다. 상체 근육도 중요하지만 나이가 들수록 하체 근육이 더 중요하다.

유산소 운동만 하거나 근육을 만드는 무산소 운동만 해서는 안 된다. 걷기도 하고, 아령으로 근육을 만들기도 해 균형 잡힌 운동을 해야 건강하게 아프지 않고 삶을 살아갈 수 있다. 특히 어르신들은 근육을 잘 사용하지 않으려는 경향이 있는데, 부모님들을 열심히 걷게 해야 한다.

대퇴골이 부러지면 수술해서 잘 붙더라도 오랜 기간 눕거나 앉아만 있게 되고, 운동을 못하기 때문에 근육이 없어진다. 종일 누워서 음식을 먹다 보면 음식이나 침이 기도로 들어가 흡인성 폐렴이 발생하기 쉽다. 하체 근육이 약해져 넘어진 후 대퇴골이 부러져 입원한 어르신들의 입원 경과를 살펴보면 수술 후 잘 회복되다가 장기간 누워 있음으로 흡인성 폐렴으로 돌아가시는 경우를 자주 보았다. 따라서 대퇴 골절이 생기지 않도록 평소에 하체 근육을 키우는 무산소 운동을 열심히 해야 한다.

나이 들어 여러 곳이 아프면 정신력도 함께 약해진다. 운동도 하기 싫고 외출도 꺼려한다. 이럴 때는 근육 운동을 하기가 쉽지 않다. 나이가 들면서 근육은 지속적으로 감소한다. 걷기, 자전거 타기 등을 하면 하체 근육이 어느 정도는 강화되지만, 나이가 들어 급격하게 떨어지는 근력을 회복시키기에는 역부족이다. 허리나 어깨 근육이 약해지면서 근육이 비대칭이 되고 통증이 오면 아파서 운동을 더 못하게 된다. 더구나 자세의 이상과 유연성 부족으로 무릎, 허리, 목, 어깨에 통증이 생기면 걷는 것조차 힘들어지면서 운동을 더욱 멀리하게 된다.

무산소 운동으로 강화된 근육과 관절이 있으면 늦은 나이까지 운동을 지속할 수 있는 기초 체력이 만들어진다. 그런 이유로 일주일에 3일은 무산소 운동, 즉 근육 운동이 필요하다.

우리는 규칙적으로 열심히 운동을 해야 한다. 그런데 무조건 하루 종일 운동을 하는 것이 좋은가? 운동을 많이 하면 활성 산소가 많이 생긴다.

활성 산소를 없애기 위해서는 항산화제가 필요하다. 그래서 운동을 하고 나서는 고기보다는 채소를 많이 섭취해야 한다.

운동을 하면 근육 내 글루코겐을 사용하게 되는데 이때 '젖산'이라는 피로 물질이 나온다. 젖산은 근육 통증을 일으키기 때문에 과격한 운동을 하고 나면 근육에 통증을 느끼게 된다. 근육 내에 젖산이 계속 축적되면 우리 몸은 산성으로 변한다. 이 경우 활성 산소가 증가하기 때문에 무리한 운동을 계속하면 노화를 부추길 수 있다. 근육이 피로해지면 오히려 운동을 중지하거나 운동 강도를 줄이는 편이 좋다. 하루에 30분간 조깅을 하면 발 마사지와 근육 마사지를 통해서 근육을 풀어 주어야 한다.

어떤 운동이 내 몸에 적절한지 판단하기란 쉽지 않다. 헬스장에 가면 여러 가지 운동을 가르쳐 주는데, 일반적으로 따라 하기에는 어려운 운동도 많다. 집에서 하기 쉬운 맨손 체조나 걷기를 권한다. 나이가 들수록 근육이 중요하지만 관절도 중요하다. 특히 중년들은 몸에 체중이 실리는 운동을 할 경우 관절이 손상을 받기 쉽다. 체중 부하가 되지 않는 운동 중에 자전거 타기가 좋다. 자전거를 타면 체중이 엉덩이에 실리기 때문에 무릎 관절에 체중으로 인한 부담을 적게 준다. 수영도 관절에 체중이 실리지 않는 좋은 운동인데, 수영이 부담된다면 물 안에서 걷기만 해도 좋다.

 백세 시대, 덜 아프면서 건강하게 오래 살기 위한 Tip 3

1. 모든 통증의 원인은 몸의 균형이 틀어진 데 있다. 바른 자세로 몸의 좌우 대칭을 유지할 때 대부분의 통증에서 자유로울 수 있다.

2. 지방을 연소하기 위해서는 유산소 운동 중에 저강도 운동인 걷기 운동이 가장 쉽고 효과적이다.
3. 무산소 운동을 통해 근육을 만들어 균형 잡힌 운동을 해야 건강하게 아프지 않고 오래 살 수 있다.
4. 유산소 운동과 무산소 운동을 날마다 교대로 운동하는 방법이 가장 바람직하다.
5. 나이가 들수록 하체 운동을 열심히 해야 하며, 관절에 무리가 되지 않도록 운동 강도를 조절해야 한다. 운동 후에는 마사지로 근육을 풀어 주는 것이 좋다.

4장

마음: 정신까지 건강해야 진짜 건강한 것이다

건강은 육체적 건강은 물론, 정신적 건강, 영적 건강, 그리고 사회적 건강까지를 모두 포함한다. 4가지가 다 건강해야 건강한 사회이고, 건강한 사람이다.

그렇다면 사회적 건강이란 무엇인가? 안심하고 살 수 있는 사회를 말한다. 우리 사회는 성수대교와 삼풍백화점 붕괴, 대구 지하철 사고, 세월호 참사 등 안전사고가 끊임없이 발생하고 있기에 사회적으로 건강하지 못하다. 물론 안전을 위해 정부는 사회 기반 시설에 재정을 좀 더 투입하고 제도를 잘 정비해야 한다. 하지만 건강하고 안전한 사회를 이루기 위해 무엇보다 중요한 것은 각 개인의 안전에 대한 생활 태도다. 자전거나 오토바이를 탈 때 헬멧을 꼭 쓰는가? 고속도로에서 안전거리를 지키는

가? 헬멧도 쓰지 않고, 안전거리를 지키지 않는 국민이라면 정부를 탓할 자격이 없다.

1. 우울·조울증은 질병으로, 진단 및 치료가 절실하다

정신적 건강에 대한 사회적 관심이 높아지면서 우울증과 조울증에 대한 관심이 늘어 가고 있다. 우울증은 말 그대로 항상 우울한 것이다. 그러면 조울증은 무엇인가? 조증과 울증이 합해진 것으로, '울'은 우울한 상태를 의미하고, '조'는 굉장히 힘이 넘치는 상태를 말한다. 어떤 때는 매우 활발하게 모든 일을 대하다가 어느 순간 우울해지면서 감정의 기복이 크게 생기는 것이다. 조울증은 기분이 가라앉은 상태가 지속되는 우울증과 다르다. 감정이 격해지는 조증과 그와 대조적인 울증이 교대로 나타나는, 양극성을 가진 장애다.

우울증과 조울증은 마음의 병뿐만 아니라 신체적인 병까지도 일으킨다. 잠을 못 자거나 식욕이 부진하며, 아무런 신체 이상이 없는데 여러 가지 통증과 압박감을 호소한다. 우울증은 성인 5명 중 1명이 한 번쯤은 경험한다. 불안과 우울한 생각에 빠지며, 집중력과 기억력에도 문제가 생긴다. 가장 심각한 문제는 자살 충동을 느껴 스스로 목숨을 끊는 극단적인 상황을 초래할 수 있다는 점이다.

반면 조울증에서 조증의 상태는 직장생활이나 일상생활, 그리고 성생활까지도 활발하게 한다. 처음에는 일을 잘하고 능력이 탁월해 보이기도 한다. 하지만 곧 너무 지나쳐 문제를 일으키고 만다. 지나친 자신감으로 고집이 세지며, 주변 사람들과 마찰을 자주 일으키거나 싸움을 한다. 조울증 환자 3명 중 1명은 초기에 조울증 진단을 받지 못하며, 환자의 3명 중 1명은 조울증 진단을 받기까지 10년이 걸린다고 한다. 질병에 대한 무지와 무관심이 원인일 것이다. 특히 조증의 경우 환자의 말과 행동이 이치에 맞고 오히려 활력이 넘치는 듯 보이기 때문일 것이다.

조울증도 유전일까? 양극성 장애인 조울증은 가족력이 있는 경우가 많다. 약 절반의 환자들이 가족 중에 우울증 등 정서적인 장애를 안고 있다. 연구 결과에 의하면, 부모 중 한 명이 조울증인 경우 자녀에게서 발생할 가능성이 15~25%이고, 이란성 쌍둥이 중 한 명이 조울증인 경우 나머지 한 명에게서 발생할 가능성이 25%다. 또한 이란성 쌍둥이 모두가 조울증인 경우는 5%인 데 반해, 일란성 쌍둥이는 40%로 약 8배나 높다.

이 사실은 조울증이 유전적인 경향을 가지고 있음을 시사하는 것으로, 형제나 부모가 이러한 질병을 경험한 경우에는 유사한 증상이 나타났을 때 반드시 전문가와 상담할 필요가 있다. 건강보험심사평가원의 조사에 따르면, 국내 조울증 환자는 매년 10%가량 증가하고 있는 추세다.

최근 정신적 건강과 영적 건강이 점점 중요해지고 있다. 정신과 의사들은 조울증이 있을지라도 지속적인 치료를 통해 정상적인 삶을 되찾을 수 있다고 말한다.

사도 바울은 육체의 병뿐만 아니라 정신과 영혼이 묶여 있던 사람들까지도 치유하고 자유롭게 해주었다. 하지만 정작 자신은 질병으로 고통당했다. 그는 자신의 질병을 '육체에 가시 곧 사탄의 사자'라고 불렀다(고후 12:7). 얼마나 괴로웠으면 그러한 고백을 했을까. 그리고 바울은 주님께 병증에서 자유롭게 해달라고 세 차례나 기도했다. 히브리 사람들에게 '세 번'이란 최상급의 표현이다. 바울이 간절히 구했음에도 불구하고 주님은 그의 병을 고쳐 주시지 않았고, 대신 이렇게 응답하셨다.

"나에게 이르시기를 내 은혜가 네게 족하도다 이는 내 능력이 약한 데서 온전하여짐이라 하신지라"(고후 12:9).

사도 바울을 생각하면서 마음이 아프고 힘든 세상이 오더라도 너무 좌절하지 말자. 바울도 육체의 가시와 같은 병으로 얼마나 좌절했겠는가. 그렇지만 그는 말씀을 품고 약한 데서 온전하게 하시는 하나님을 의지했다. 비록 육체의 가시이지만 하나님이 이 또한 합력해 선을 이루시리라 믿었다.

만약 바울이 자신의 병도 척척 낫게 했다면 사람들과 바울 자신조차 그 능력이 바울에게서 나온 것이라고 생각했을지 모른다. 그러나 그는 약하고 상처가 있는 온전하지 못한 그릇이었으나 주님께 선택된 깨끗한 그릇이었다. 하나님은 오히려 약한 바울을 통해 자신의 놀라운 능력을 드러내셨다. 그러므로 조울증이나 우울증으로 고생하는 사람들은 바울처럼 질병보다 더 큰 삶의 의지와 생명력으로 하나님의 능력을 드러내는 정신적 회복을 맛보기를 간절히 구해야 한다.

2. 기억의 3단계로 본 '건망증인가, 치매의 시작인가?'

육신이 아닌 마음의 병 중에 하나가 치매다. 치매와 건망증은 구별하기 어려운데, 그 이유는 치매의 시작이 건망증이기도 하기 때문이다.

우리는 자꾸 잊어버리면 치매 걱정을 하곤 한다. 그런데 기억을 하는 데는 3단계의 과정이 있다. 1단계에는 새로운 사람이나 지식을 우리 뇌에 등록한다. 2단계에는 등록된 정보를 뇌에서 분류해 저장한다. 3단계에는 필요할 때 다시 그 정보를 불러내 기억한다. 건망증과 치매는 기억을 하지 못한다는 점에서는 공통점이 있지만 작용 기준이 다르다. 건망증은 정보를 불러내는 3단계에 문제가 있는 반면, 치매는 저장하고 분류하는 1, 2단계에 문제가 있다. 건망증은 누가 힌트만 줘도 금방 "아!" 하고 생각이 떠오른다.

요사이 전화번호를 주로 휴대 전화에 저장하면서 사람들의 이름을 잊어버리는 경우가 흔하다. 나이가 들수록 휴대 전화에 전화번호를 저장할 때 힌트를 하나씩 넣어 '의사 ○○○', '중국집 ○○○' 등으로 저장할 것을 권한다.

오늘날은 휴대 전화를 집에 두고 나오면 하루 종일 불안하고 아무 일도 손에 잡히지 않는 세상이 되었다. 냉장고에서 물을 꺼낸 뒤 휴대 전화를 집어넣고는 찾아 헤매는 경우도 있다. 이때 노인들은 치매가 아닐까 걱정하는데, 이런 경우는 보통 건망증이다. 대부분의 기억력 감퇴는 치매에 의한 것이 아니라 노화가 원인이다. 치매는 행동과 성격 변화를 동반하는, 정신 능력이 진행적으로 퇴보하는 질환이다.

노화에서 기억력 저하는 경험의 일부를 기억하지 못하며, 나중에 기억이 살아나기도 한다. 또한 말과 글, 그리고 자신의 메모를 잘 이해하고 스스로를 잘 돌보는 능력을 가지고 있다. 그러나 치매에서 기억력 저하는 경험 전체를 기억하지 못하며, 나중에도 거의 기억을 되살리지 못하고, 스스로를 돌볼 수 없다.

기억의 3단계 중 어느 한 단계라도 작동하지 않으면 기억을 하지 못하게 된다. 사람의 이름을 기억하는 뇌의 공간과 일하는 방법을 보관하는 뇌의 공간은 서로 다르다. 그래서 사람의 이름을 기억하는 일이 어려운 사람이라 할지라도 일상생활에는 전혀 문제가 없을 수 있다. 그러나 너무 많은 것을 기억할 수는 없다. 우리 뇌는 무엇이 중요한지 우선순위를 정하고, 필요 없다고 생각되거나 자주 사용하지 않는 기억은 지워 버리는 '망각'이라는 기능을 가지고 있기 때문이다. 그런데 뇌도 가끔 실수를 저질러 아주 중요한 일을 잊어버리기도 한다.

치매의 발병 원인은 완전히 알려져 있지 않다. 가장 흔한 치매 중에 '알츠하이머'라는 병이 있다. 뇌에 '아밀로이드'라는 비정상적인 단백질이 침착되어 뇌세포를 파괴하는 병이다. 혈관성 치매도 있다. 중풍처럼 뇌에 영양을 공급하는 미세한 혈관들이 막히거나 혈관이 터져 출혈이 생겨 산소 부족으로 영양 공급이 잘 안 돼 뇌세포가 손상을 입어 나타나는 병이다. 혈관성 치매는 고혈압이나 당뇨병, 또는 흡연으로 생긴다. 담배는 뇌혈관을 좁히기 때문에 치매를 일으킬 수 있다. 요즘 젊은 여성들 중에 흡연자가 많아지고 있는데, 참 안타까운 일이다. 흡연은 시작하면 정말 끊기 어려운데, 이는 담배를 피우는 사람이라면 매우 잘 알 것이다.

치매의 증상에는 기억 장애 외에 성격 변화, 방향 감각 상실, 일상 활동 능력 상실, 의사소통의 어려움 등이 있다. 나타나는 양상은 개개인의 나이, 성격, 건강 상태 등에 따라 약간씩 다를 수 있다.

치매에서 기억 장애는 주로 최근의 기억이 먼저 영향을 받는다. 기억 장애가 심해지면 심부름을 가다가 어디로 가고 있는지를 잊거나, 식사한 사실을 잊기도 하고, 더 심해지면 가까이 지내는 사람의 이름을 잊어버리기도 한다. 방향이나 시간을 가늠하는 능력도 상실된다. 자신이 어디에 있는지, 지금이 몇 연도인지, 무슨 요일인지 알지 못한다. 밤과 낮을 혼동해 한밤중에 나가려고 하고, 집을 나가 배회하다가 길을 잃어버리기도 한다.

치매는 기억력만 없어지는 것이 아니라 성격 장애와 행동 장애를 동반한다. 치매 발생 전과 비교할 때 성격이 변하지 않은 것처럼 보이는 경우도 종종 있지만, 어떤 경우 아주 현격한 차이를 보이기도 한다. 사람을 만나려 하지 않거나 일상 활동에 관심을 보이지 않기도 한다. 조용하던 사람이 과격해지고, 비폭력적이고 온순하던 사람이 주먹을 휘두르며 공격성을 나타내기도 한다. 병이 더 깊어지면 반사회적 행동을 보이고, 예전에는 전혀 하지 않던 행동이나 말을 하기도 한다.

또한 일상 활동에 필요한 능력을 상실해 운전이나 요리에 어려움을 느끼고, 옷을 입거나 몸을 씻는 일조차 하지 못한다. 대화할 때 적당한 단어를 찾는 데 어려움을 느끼다가, 심해지면 말을 맺지 않고 다른 주제로 넘어가 횡설수설하거나, 했던 말을 계속 반복하기도 한다. 따라서 치매가 진행될수록 환자와 보호자 사이에는 언어와 신체 접촉 등 다른 소통의 형태가 필요하다.

치매는 조기 진단이 매우 중요하다. 기억력이 없어지고 여러 가지 행동 장애가 보일 때는 진단을 받아 볼 필요가 있다. 혈관성 치매의 경우 치료법들이 있다. 알츠하이머의 경우에도 침착된 아밀로이드를 방지하거나 개선시키는 약이 있다. 너무 늦게 치매를 발견해 치료가 늦어지지 않도록 해야 한다. 치매는 더 이상 숨길 병이 아니다.

치매 의심 증상이 있을 때 빨리 병원을 찾아 진단을 받아야 하는 두 가지 이유가 있다. 첫째, 치매 진단이 간단하지 않기 때문이다. 심각한 우울증인 경우에도 기억과 집중에 어려움을 보이거나 치매처럼 주변에 관심을 보이지 않을 수 있다. 둘째, 치매를 일으키는 일부 질병은 치료가 가능하기 때문에 조기 진단을 놓쳐서는 안 된다. 조기 발견된 경우 완치는 어렵더라도 증세의 악화를 막거나 더디게 할 수 있다.

건강하다는 것은 육체적으로, 정신적으로 건실하고 평안한 상태를 말한다. 하지만 치매는 육체와 정신이 다 건강하지 못한 상태다.

"내 아들아 내 말에 주의하며 내가 말하는 것에 네 귀를 기울이라 그것을 네 눈에서 떠나게 하지 말며 네 마음속에 지키라 그것은 얻는 자에게 생명이 되며 그의 온 육체의 건강이 됨이니라"(잠 4:20-22).

여기서 '온 육체'란 우리의 육신 전부를 뜻한다. 평소 하나님의 말씀을 귀 기울여 듣고, 눈에서 떠나지 않게 하며, 마음속에 지킬 때 육체적, 정신적으로 건강할 수 있다.

신명기에서 반복해서 나오는 권고는 "너희는 기억하라", "너희는 잊지 말라"다. 그리스도인들에게서 발견되는 심각한 망각, 즉 영적 치매는 하나님께 받은 은혜를 잊어버리고 허망한 행동을 하는 것이 아닐까? 모세는 이스라엘 백성에게 "너희는 가나안 땅에 들어가 살 만해졌을 때 노예 되었던 너희를 구원해 주신 하나님과 그분의 은혜를 잊지 말라"라고 말했다. 이러한 모세의 말은 오늘 이 시대를 사는 우리 그리스도인들이 다시 들어야 할 당부인 듯하다.

3. 천국 소망과 감사로 건강한 백세를!

우리가 결코 잊어버리지 말아야 할 것 중에 하나가 감사다. 하나님이 주신 축복을 잊어버리면 불평불만이 많아지면서 영적 치매에 걸릴 수 있다. 영적 치매에 걸리지 않으려면 하나님이 주신 은혜를 기억하고 감사하는 삶을 살아야 한다.

"항상 기뻐하라 쉬지 말고 기도하라 범사에 감사하라"(살전 5:16-18).

우리는 아침에 일어나서 숨 쉬는 일부터 "감사합니다"라고 말해야 한다. 신생아가 이 세상에 태어난 후 첫 호흡을 할 때 숨 쉬는 방법을 누가 가르쳐 주었는가? 자궁 내 태아의 폐는 양수라는 물로 가득 차 있다. 분만 과정을 통해서 폐를 채웠던 물이 다 없어지고 첫 호흡이 시작된다. 그런데 그 첫 호흡이 정확하게 어떻게 시작되는지 의사들도 알지 못한다. 생명의 신비다. 밤새, 그리고 아침에 일어나서 자연히 숨이 쉬어지는 것 자체가 기적이고 감사한 일인 것이다.

세브란스병원에서는 하루에 150건 이상의 수술이 진행된다. 몇 년 전 수술을 하기 전에 주치의들이 수술 환자를 위해 기도하기 시작했다. 오래 전부터 전도사들이 기도해 왔는데, 주치의들이 동참했다. 수술실에서는 환자들의 마음이 가장 약하고 가난한 순간이어서 대부분 기도해 주기를 원한다.

그런데 주치의들이 기도하기 시작하고 얼마 후 마취과장이 이렇게 말했다. "환자를 위한 기도를 시작한 후부터 수술 후 회복실에서 사용하는 진통제 사용량이 절반으로 줄었습니다." 기도가 수술 환자들의 마음에 평안을 주고 의사에 대한 신뢰를 가져다준 결과라는 생각이 들었다.

감사하면 용서하는 마음이 생기고 사랑이 싹트기 시작한다. 인생을 살아가는 동안 여러 가지 어려움들이 있지만 늘 말씀을 묵상하고, 항상 기뻐하고, 쉬지 말고 기도하고, 범사에 감사하자. 범사에 감사가 있으면 사도행전 말씀처럼 받는 것보다 주는 것을 즐겨 해 축복의 삶을 살게 될 것이다.

"또 주 예수께서 친히 말씀하신 바 주는 것이 받는 것보다 복이 있다 하심을 기억하여야 할지니라"(행 20:35).

'주 예수께서 친히 말씀하신 바'라는 말은 성경에서 흔히 볼 수 있는 구절이 아니다. 이 말씀은 하나님은 항상 베푸는 삶을 더 좋아하신다는 뜻으로서, 미국의 대부호인 존 데이비슨 록펠러를 회심시켜 많은 자선과 기부를 하게 한 말씀이다. 그리고 그의 동업자이며 130년 전 조선에 거액의 기부를 해 세브란스병원의 시작을 가능하게 한 루이스 세브란스도 붙들고 살았던 말씀이다.

어려운 처지에 놓인 사람들에게 자신이 가진 달란트를 나누는 삶을 살 때 이 사회가 건강해지고, 마음도 더욱 건강해질 것이다.

70세까지가 건강 연령이라지만, 건강 연령을 75세, 85세, 90세까지 연장하려면 건강한 생활 습관을 실천하고, 좋은 자세와 운동을 병행하면서 건강한 식탁을 꾸며야 한다. 그리고 마음의 건강을 지니기 위해 감사하는 마음으로 살아야 한다. 용서하고, 사랑하고, 감사하면서 천국에 대한 소망을 가지고 살아간다면 하나님이 허락하신 건강한 삶을 오랫동안 누릴 수 있을 것이다.

 백세 시대, 덜 아프면서 건강하게 오래 살기 위한 Tip 4

1. 우울증이나 조울증에 시달리고 있다면 질병보다 더 큰 삶의 의지와 생명력으로 하나님의 능력을 드러내자.

2. 기억의 3단계 중에서 기억을 저장하고 분류하는 1, 2단계에 문제가 있을 때 치매로 진단할 수 있다.
3. 치매는 조기 진단이 매우 중요하다. 의심 증상이 있거든 빨리 병원을 찾아 진단을 받으라.
4. 영적 치매에 걸리지 않기 위해서는 하나님의 은혜를 기억하고 감사하는 삶을 살아야 한다.

〈참고 문헌〉

『하나님이 주신 백세 건강』, 두란노, 2014.

제4부

나이 듦과
영성에 관하여
- 이호선

■ **프롤로그**

인생 후반기의 삶을 재해석하고
나이 듦의 축복을 가슴으로 느끼길……

여름의 뜨거운 볕이 아침과 저녁을 더욱 값지게 하듯, 존재와 삶의 고통 아래 있는 이들에게 휴식과 희망은 늘 간절한 소망이 됩니다. 모두가 잘 먹고 잘 입는 세상에 늙어 간다는 것은 참으로 억울한 일이고, 모두가 세상이 점점 좋아진다고 말하는 이때에 '젊어지는 샘'은 노년에게는 허락되지 않는 이야기입니다.

늙음은 거울 속에서, 창밖 사람들의 걷는 속도 속에서, 그리고 교회 스테인드글라스 아래서도 감추어지지 않는 백발과 굽은 등에서 나타납니다. 거울이라 함은 나를 보는 성찰의 과정이고, 창이란 타인을 통한 성찰이며, 스테인드글라스는 해석과 신앙의 빛에서 자신을 보는 과정이라 할 것입니다.

'늙음'을 '영성'으로 바꾸어 보면 어떨까요? 스스로를 성찰하고, 타인을 통해 자신을 보고, 새로운 해석의 눈과 신앙의 시선으로 스스로를 입혀 보는 과정은 늙음을 보는 눈이자 동시에 영성의 눈일 것입니다.

바람이 어디서 불어오는지 알 수 없으나 머리카락은 날리고, 세월은 그 모습을 드러내지 않으나 청년을 노년으로 바꾸어 놓습니다. 이 '알 수 없음'과 '속절없음'은 주름과 느린 걸음, 더뎌지는 말, 늘어지는 근육, 조우할 수 없는 젊음을 보면서 넘어가는 황혼의 설움을 이내 울음으로 터뜨리고야 맙니다.

한바탕 울고 나면 사람은 대부분 거울 앞에 서서 눈물을 닦으며 흐트러진 자신을 정돈하고 화장을 고칩니다. 옷매무새를 가다듬고 세수한 얼굴에 로션이라도 바르면 '알 수 없음'은 '그래도 괜찮음'으로 바뀌어 갑니다. 세상 사람들이 어찌 사는지, 비라도 오는지 살펴보자 싶어 창 너머 세상을 보면, 같은 울음을 울었던 사람들이 저녁 식사 때를 놓칠까 서둘러 걸어가는 모습을 보며 그 뒤뚱거림이 꼭 나 같아서 웃음이 납니다. '속절없음'이 '웃음'이 되는 순간입니다. 그리고 빛이 색을 통과하며 예술이 되는 스테인드글라스 아래 앉으면 우리는 손을 모으고 기도를 시작합니다. 이때 주님의 바람이 불어옵니다.

사람들이 제게 노년의 영성이 무엇인지 묻곤 합니다. 그때마다 저는 이렇게 대답합니다. 거울 속에 나를 자세히 보는 일이고, 창밖에 사람들을 보는 눈이고, 스테인드글라스 앞에 손을 모으는 과정이라고 말입니다. 성찰은 바람과 같아서 발견의 순간에 그 존재를 드러내고, 관찰은 걷기 같아서 주변을 보고 일상적인 것을 자세히 보게 하는 힘을 줍니다. 그리고 기도는 우리 삶의 빛과 그림의 조각을 모아 보잘것없는 우리 일상이 예술이 되게 하고 아름다움이 되게 합니다.

자신을 보는 자, 타인을 보는 자, 그리고 기도하는 자에게 허락된 노년의 영성은 심리적 우산 같아서 영적 호흡은 하게 하나 삶의 고통에 젖지는 않게 하고, 거룩한 도피성 같아서 허물뿐인 우리의 과거를 들고 숨어도 언제든 용서받게 하고, 관계의 아교 같아서 우리 안에 관대함의 품을 만들어 세대를 끌어안는 힘을 갖게 합니다. 이 우산, 이 도피성, 이 아교를 발견한 자, 보는 자, 아는 자, 즐기는 자는 복이 있나니, 그들이 하나님과 아는 자들일지니, 하나님의 바람은 그곳을 향해 늘 불어옵니다.

우리나라는 이미 고령화 사회를 한참 지나서 고령 사회를 바로 코앞에 두고 있습니다. 이런 시기에 CTS에서 중년이 곧 맞이하게 될 노년의 영성에 대한 강의를 책으로 출판하게 된 것은 참으로 의미가 있다고 봅니다. 점점 고령화되는 교회의 현실에 비추어 볼 때 교회에서도 노년에 대한 새로운 의미와 노년기의 영성에 대한 교육이 필요할 때라고 생각합니다.

그리스도인에게 노화는 역설입니다. 새로운 존재로, 그리고 새로운 통찰로 나약함이 강함으로, 공허가 충만으로 변화하기 때문입니다. 이 책이 인생 후반기의 삶을 자유와 새로운 삶으로 재해석하도록 새로운 세계관을 제공해 주기를, '늙는 축복'을 가슴으로 느끼게 해줄 수 있기를 바랍니다.

이호선
숭실사이버대학교 기독교상담복지학과 교수

프로필

연세대학교 대학원 상담학 전공
숭실사이버대학교 기독교상담복지학과장
한국노인상담센터장
인성심리연구소장

저서

『노화와 영성』 (북코리아), 『노인 상담』 (학지사), 『노인과 노화』 (시그마프레스),
『부모도 사랑받고 싶다』 (프롬북스), 『나도 편하게 살고 싶다』 (미호) 외 다수

1장
영성이 뒷받침된 인생 후반전의 삶

1. 늙는 축복을 사모하는 마음이 있는가?

늙는다는 것은 변화다. 우리가 느낄 수 없는, 눈을 깜박이는 1초 1각조차 끊임없이 변화하는 시간이다. 이 변화에 따라서 변화만 하는 것이 아니라 적응도 한다. 20대의 젊고 싱싱한 청춘도 세월이 흐르면서 살이 붙고 주름이 늘어 가는 변화를 경험한다. 삶의 형태와 모습도 변화한다.

필자가 살던 처음 신혼 방은 아주 작았다. 둘만 살았으니까 좁은 줄도 몰랐다. 첫아이가 생기자 방이 너무 좁은 것 같아 15평으로 이사를 했다. 방이 두 개로 늘었다. 8평짜리 신혼 방에서는 빗자루로 살살 쓸기만 해도 청소가 끝이 났다. 하지만 15평에서는 진공청소기가 필요했다. 15평이 참으로 넓게 느껴졌다. 둘째 아이가 생기면서 23평으로 이사를 갔다. 방이 세 개나 되어 숨바꼭질하면 못 찾는다고 가족들끼리 농담을 하기도 했다.

32평으로 이사를 가자 또 다른 삶의 변화가 생겼다. 화장실이 두 개여서 어느 화장실을 사용해야 할지 고민하는 경험을 했다. 물론 이것도 조금 시간이 지나니까 금방 적응되어 화장실이 하나였는지 두 개였는지 중요하지도 않았다. 아이들이 크면서 43평으로 이사를 갔을 때는 마치 몽골의 벌판처럼 느껴질 정도로 공간이 넓어졌다. 그것도 잠시, 52평으로 이사를 하니, 길을 잃을 정도로 넓다고 농담할 정도였다.

그러다 강남으로 오면서 25평으로 이사를 해야 했다. 둘째 아이가 생기고 23평에 살았을 때 얼마나 넓게 느끼며 살았나. 그런데 52평에 살다가 25평에 사니까 숨통이 막혀서 살 수가 없었다. 집 입구부터 다 짐으로 가득 차서 너무 비좁았다.

이렇게 장황하게 필자의 이야기를 한 이유는 우리가 늙어 가는 삶의 모습과 닮아서다. 가만 생각해 보면 우리는 처음 시작했던 신혼 방 8평처럼 태어나서 15평처럼 아동기를 보냈을지도 모른다. 23평처럼 청소년기를 보내고, 그리고 32평처럼 청년기를 멋지게 시작했다가, 43평을 꿈꾸면서 중년기를 시작했다. 52평처럼 화려하게 중년기의 막을 내리고, 25평 같은 마음으로 노년기를 살게 될지도 모른다.

우리가 살아가는 내내 늘 더 번영하고, 더 넓어지고, 더 화려해지는 중년기까지의 삶과 노년기의 삶은 어쩌면 많이 다른 것 같다. 하지만 아파트 평수가 좁아졌다고 해서 노년기의 삶이 내리막길이라는 의미일까? 고령 사회를 맞고 있는 우리는 이제 '늙는 축복'을 새롭게 만날 필요가 있다.

시간은 탄생의 기초이자 죽음의 시작이다. 인간은 변화하고 적응하다가 이제 살 만하면 시간 앞에 무릎을 꿇고 만다. 노년기의 어르신들은 전진을 위해 어느 시점에서 모든 것을 내려놓아야 한다는 점을 격언으로 남겨 놓는다. 그 내려놓는 순간은 마치 허물을 벗듯 우리를 새로운 피조물이 되게 하며, 우리 존재의 근원에 대한 통찰을 준다. "아하!" 하며 통찰의 순간을 경험하는 것은 노년기의 은총이다.

우아함과 따스함은 노년기의 은총의 또 다른 측면이다. 노년기는 사랑을 품는 때이며, 연민을 느끼는 시기다. 삶을 관조한다고 하던가? 다른 사람에 대한 선의와 사려 깊은 태도를 갖는 시기다. 누구나 받게 되는 죽음의 선물이 앞에 놓일 때, 남아 있는 시간이 얼마 되지 않는 그때, 바로 그 시공간이 은총의 계절이다. 은총은 혼자 즐기며 홀로 심취하는 이기적인 경험이 아니다. 은총은 나, 그리고 나와 더불어 사는 사람들과 함께 경험하게 된다. 노년기에 받는 은총은 우리 모두의 삶 속에 가닿는다.

유명한 네덜란드의 화가 렘브란트 반 레인은 자신이 늙었을 때의 삶을 예시하면서 노인 그림을 그렸다. 알려진 것처럼 렘브란트는 참으로 많은 자화상을 그렸다. 그중 렘브란트 자신의 노년을 보여 주는 그림이 있다. 〈제욱시스로 분한 자화상〉이라는 그림인데, 여기서 제욱시스는 곧 렘브란트다. 그는 한 손에는 책을 들고 있는데, 망토 깃 밑으로 단검의 손잡이가 보인다. 그는 무엇인가를 묻는 듯, 또는 물으면서도 그 대답을 넘겨짚은 듯 달관의 눈초리로 우리 쪽을 바라보고 있다. 그 눈초리는 노경에도 날카로움을 잃지 않고 있다. "아직도 나에게 예언하는 힘이 있고 산을 움직일 수 있는 신앙심이 있더라도 거기에 사랑이 없으면 모든 것이 있는 것만 못하다"(고전 13:2 참조)라는 바울의 웅변을 스스로 터득한 것처럼 보인다.

〈그림 1〉 제욱시스로 분한 자화상, 렘브란트, 82.5×65cm, 유화, 1668년

제욱시스는 고대 그리스의 천재 화가였는데, 렘브란트는 노년에 그의 모습을 한 채 웃고 있는 자신의 모습을 그리면서 천재성보다 더 큰 은총을 이야기하고 있다. 이 그림을 그린 후 1669년에 렘브란트는 사망했다. 생의 후반기에 지독하게 쫓아다녔던 경제적 고통과 질병 앞에 당당히 서서 속박에서 자유로, 또 소심함에서 대담으로 옮겨 갔다. 이런 한계 상황의 한가운데에서 발견하는 인간의 가능성에 대한 깨달음이 바로 겨울의 은총이다.

다른 수준에서 보면, 은총은 '오시는 하나님'을 경험하는 것이다. 하나님이 인간의 삶 속에 오셔서 우리에게 과분한 사랑과 호의를 베푸시는 것이다. 겨울의 은총은 단순히 더 열심히 노력하라는 것이 아니다. 지금까지 노력해서 이루어 온 것들이 주마등처럼 지나가고 나면, 나의 노력을 넘어서는 무엇인가가 다가온다. 그것은 신의 은총이며, 따라서 이 은혜는 늘 어떤 식으로든 다른 모양으로 드러난다. 노년기의 은총은 마치 생명이라는 선물이 죽음의 세력과의 투쟁에서 나오듯 그리스도의 은혜의 모양을 하고 나타난다. 이것이 바로 '늙는 축복'이다.

2. 성공적으로 노화하기 위한 4가지 조건

심리학자들은 "정말 잘 살아야 될 때는 노년기다"라고 말한다. 그러면서 노년기를 성공적으로 살아가는 방법이 있다고 한다.

첫 번째는 질병이 없고 장애가 없는 것을 꼽는다. 어쩌면 이것은 노년기뿐 아니라 인생 전체에서 가장 중요한 요소일 것이다. 얼마 전에 어깨가 부러지는 일을 겪으면서 동시에 다리도 깁스를 했는데, 꼼짝을 할 수가 없었다. 심지어는 왼팔을 못 움직였고, 화장실에 가서 속옷을 내리고 올릴 수도 없었다. 남편이 올리고 내려 주었는데, 조용히 그냥 올려 주는 것이 아니라, "왜 언덕이 이렇게 하나가 있냐" 하며 잔소리를 했다. 질병과 장애가 있으면 누군가에게 의존할 수밖에 없는 삶이 된다. 독립적이지 못한 삶은 성공적인 노화를 가로막는 장애물이 될 수 있다.

두 번째는 신체도 건강하고 정신도 건강해야 된다고 이야기한다. 사실 노년기에는 아프기도 하지만 제일 무서운 것은 '황혼의 늪'이라고 불리는 치매와 같은 정신적인 질환이다. 최근 들어 치매 환자가 점점 증가하는 추세를 보면, 치매를 피하는 것이 노년기의 행복에 가장 핵심적인 요소 중 하나라는 사실을 실감하게 된다. 노년기의 성공적인 삶에는 아프지 않고 건강하고, 힘차게 살아가는 것이 무엇보다 중요하다. 그냥 사는 것이 아니라 활력 있게 살아가야 한다.

세 번째는 한 걸음 더 나아간다. 보다 적극적으로 인생을 살아가는 참여적인 삶이 노년기의 성공적인 노화를 위해서 필수적이다. 이왕이면 집에 가만히 앉아 있는 것보다 사회에 나가서 함께 동참하고 다른 사람과 어울려야 한다. 할 수 있다면 사회를 섬기는 자원봉사도 하면서 사회에 필요한 사람으로서 존재 가치를 높이는 것이 좋다. 노년의 삶을 그렇게 가꿔 나가다 보면, 자녀들과 손자들에게 멋진 삶을 보여 주게 될 것이다.

보통 이 3가지가 서양 학자들이 말하는 성공적인 노년기의 중요한 요소다. 그런데 우리나라에는 여기에 한 가지가 더 추가된다. 같은 동양문화권인 일본과 중국에서도 나타나지 않는 아주 독특한 조건이다. 그럼 우리나라에만 나타나는 요소가 과연 무엇일까?

바로 '자식이 잘되는 것'이다. '자식이 정말 잘됐으면 좋겠다'라는 마음은 노년기뿐만 아니라 중년기에도 가득하다. 어쩌면 우리나라 사람들은 자식을 낳는 순간부터 그렇지 않을까?

가만히 생각해 보면, 어떻게 삶을 살아가느냐에 있어서는 젊은 시절이나 조금 더 나이가 든 중년 시기나 아니면 노년 시기나 별반 차이점이 없는 것 같다.

그러나 다른 한편으로 생각해 보면 노년기에 대해서는 우리가 다소 다른 생각을 가지고 있다. 노년 하면 생각나는 기본적인 몇 가지 특성이 있다. 보통 학자들은 그 특성들을 4가지 고통으로 정리한다.

흔히 말하는 '노년기의 4고(四苦)'라는 것이 있다. 첫 번째는 몸이 아픈 '병고'(病苦)다. 젊었을 때부터 몸이 약해서 병을 달고 다니거나 유전적으로 병이 있어서 병원을 제 집처럼 드나드는 사람이 있다. 이것은 사람에 따라 정도가 다르다. 그런데 나이가 들고 노년이 되면 동일하게 찾아오는 병들이 있다. 일정한 시간 동안 몸을 사용했기 때문에 노쇠해서 걸리는 질환들이다. 관절이 아파서 걷는 것이 힘들어지고, 눈이 침침해져서 책을 읽기가 어려워지고, 수많은 고통이 일상처럼 경험되는 병들이 생긴다.

두 번째는 '빈고'(貧苦)다. 돈이 없어서 가난한 것이다. 물론 요즘은 청년 백수 시대를 살면서 취직을 못한 젊은이들이 30대를 맞고 있기는 하다. 그래도 몸만 건강하다면 중년기에는 돈을 벌 수 있으니 그나마 낫다. 그러나 노년기에는 돈이 들어올 일은 없고 오로지 나갈 일뿐이다. 그래서 노년기가 되면 대부분 중년기보다는 가난에 한 뼘 더 가까워진다.

세 번째는 '고독고'(孤獨苦)다. 노년기는 외롭고 쓸쓸하다. 인간은 배 속부터 혼자인 존재라고는 하지만, 노년기가 되면 존재의 문제가 아니라 상황이 그렇게 된다. 내가 원해도 만날 사람이 없고, 내가 가도 오히려 상대가 나를 피하는 외로운 상황에 직면한다. 요즘 사회에는 '독거노인'이라는 말이 일반화되었을 정도로 고독하게 사는 노년들이 많다. 혼자 겪는 고통과 맨 마지막에 혼자 쓰러져 언제 죽을지 모르는 고독사(死)의 고통이 있다.

네 번째는 '무위고'(無爲苦)다. 할 일이 없는 것이다. 중년기까지는 할 일이 많다. 직업을 갖고 있고, "백수도 과로사한다"라는 농담이 현실일 수 있다. 일이 많아서 바쁘다고 하면 행복한 일이다. 중년기에는 너무 바쁘고 만날 사람도 많아서 입이 아프고, 피로도가 높아 불평이 절로 나왔다. 안 바쁘다고 불평하는 사람은 많지 않다. 그러나 노년기에는 바쁘고 싶어도 바쁠 만한 일이 생기지 않는다. 누가 불러 주는 사람도 없고, 그래서 특별히 갈 곳도 많지 않다.

우리는 이렇게 알고 있는데, 실제 어르신들께 물어보면 완전히 다른 이야기를 들을 수 있다. 첫 번째로 병고에 대해 이야기하자면, 아프긴 한데 매일 아플까? 그렇지 않고 아픈 순간'도' 있다고 한다. 정말 노인들이 아프기만 하는가? 아니다. 계속 아프다면 노인이 아니라 '환자'라는 표현이 맞을 것이다. 노년기가 될수록 병을 고치려고 하고, 몸을 더 보호하려고 한다. 새벽에 산에 가 보면 확실히 알 수 있다. 젊은 사람들보다 어르신들이 운동을 더 열심히 하고, 오히려 더 나아지려고 한다. 약을 가장 잘 찾아 드시는 분도 바로 어르신들이다. 어쩌면 병들어 고통당하는 자가 아니라 더 나아지려고 하는 자가 노인이 아닌가.

두 번째로 정말 가난한 자인가? 가난한 자이기도 하지만, 동시에 아껴 쓰는 자이기도 하다. 또 버리지 않는 자이기도 하고, 잘 관리하는 자이기도 하다. 자신이 갖고 있는 재산을 써야 하기 때문에 최선을 다해서 아끼고, 재정을 관리하려고 노력한다.

세 번째로 고독고라고 했는데, 정말 혼자 있는 자라서 고독할까? 사실

혼자 있기 때문에 기도를 가장 많이 하시는 분들이 바로 노인들이다. 노년들은 앉아서 잠자는 것 같지만 영이 깨어서 기도하시는 분들이다.

마지막으로, 할 일이 없는 무위고라고 했는데, 과연 할 일이 없어 힘들어하고 계실까? 혹 무언가 계획하고 꿈꾸고 있다고 생각해 본 적은 없는가?

우리가 알고 있는 수많은 노인들에 대한 편견이 있다. 이 편견들을 우리는 '노인 신화'라고 부른다. 실제 노인들이 그렇게 살아간다고 많은 사람이 생각하지만, 정말 어르신들은 어떻게 생각하고 계실까? 어르신들은 병고가 아니라 오히려 더 나아지려고 애쓰고 계시고, 빈고가 아니라 더 아끼고 계획해서 쓰려고 하시고, 고독고가 아니라 무언가를 하기 위해 깨어서 기도하려고 하시고, 아무것도 할 줄 모르는 채 놀고 있는 무위고에 시달리는 이들이 아니라 '내일은 무엇을 먹을까? 내일은 무엇을 할까?' 등 다음의 무언가를 위해서 늘 계획하시는 이들이기도 하다.

3. 노년기의 영성은 고정관념을 바꾸는 데서 시작된다

노년기의 영성은 독특하며, 각자가 살아온 신앙 여정만큼 다양하다. 노화에서 영성은 우리 문명에 가장 심오한 가치에 대한 질문을 하게 한다. 만일 노화 과정이 점진적으로 우리에게 삶의 신비를 보여 준다면, 그때 삶의 궁극적인 의미는 우리 문화가 규정한 속도나 소비주의, 젊음, 성취, 신체의 아름다움에 있지 않다. 대개 노인들은 스스로 노령에 대한 부정적인 이미지를 사회가 주는 대로 받아들여 왔고, 부적절하고 하찮은 이미지를 안고 살기 시작한다.

　노화에 있어 영성의 임무는 노인들과 젊은이들 모두가 갖고 있는 그러한 착각을 인간에 대한 새로운 시각으로 바꾸는 것이다. 그리고 이것은 노인들 자신이 사회가 규정한 바를 거부하고, 노년기에 대한 새로운 이미지를 자기 안에 구축할 때만 일어날 수 있다.

　"하나님의 바람은 언제든 불고 있다. 다만 우리는 돛을 달기만 하면 된다."

　독일의 수도사 마이스터 에크하르트의 말이다. 우리는 하나님의 바람이 있다는 것을 알고 있었을까? 어쩌면 하나님의 바람이 아니라 일상의 바쁨과 현실적 고통만 있다고 생각했을지 모른다. 하지만 어느 순간에 하나님의 바람을 바라보게 되는 시점이 온다. 어떤 시점인가? 늘 가난하고, 병들고, 외롭고, 할 일이 없다고 생각했던 노인들이 바로 그런 사람들이 아니라 오히려 고치려고 하고, 아끼려고 하고, 기도하려고 하고, 계획하려고 하는 사람들이라는 것을 깨닫는 시점이다. 바람은 불어오기 때문에 아는 것이 아니다. 내가 '바람이 부는구나' 하고 느껴야 그 바람이 드디어 나에게 바람으로 인지된다.

　노년기의 영성이 무엇이냐고 사람들이 질문을 한다. 필자는 '하나님의 바람이 있다는 것을 눈으로 보는 것, 곧 깨닫는 것'이라고 답한다. 또 하나가 있다. '하나님의 바람이 불고 있다는 것을 오감으로 느끼는 것'이다. 그 바람이 손끝 사이로 지나가는 것을 느끼는 것이다. 필자는 그것이 영성이라고 생각한다. 아울러 '그 바람을 온몸으로 받으면서 미풍처럼 불어오는 바람을 따듯하게 즐기는 것'이다. 그로써 '아, 기쁘다! 행복하다!'라는 마음의 느낌과 만물의 행복을 한꺼번에 경험하는 것이 바로 영성이다.

하나님의 바람은 언제나 불어오고 있고, 우리는 돛을 달기만 하면 된다. 영성은 새로운 것이 아니라 늘 우리 속에 있었다. 왜일까? 하나님은 우리에게 처음부터 코에 생기를 불어 넣으시고는 살아서 움직이고 땅에 충만하라고 말씀하셨다. 우리는 이미 생기를 가지고 있는 사람들이라 영성이 다 있다. 다만, 있다는 것을 모르고 지나갈 뿐이다.

그 사실을 깨닫는 순간은 마치 노인들이 아프기만 한 줄 알았다가 그렇지 않고 움직이는 자라는 사실을 알게 되는 순간과 같다. 그 순간은 깨달음의 순간이요, 통찰의 순간이다. 그때 하나님은 우리에게 오시고, 그때 오시는 하나님을 느끼고 알게 되는 그 순간을 가리켜 우리는 '영성을 알게 되었다'라고 표현한다.

깨달음의 순간에는 놀랍게도 눈빛이 더 반짝이고, 얼굴에는 더 빛이 난다. 얼굴에 빛이 나고 눈이 반짝이기 시작했다는 것은 지성이 깨기 시작했음을 의미한다. 그것은 어디에서부터 시작하는가? 모르는 상태에서 아는 상태로 넘어갈 때 우리의 지성은 마치 형광등처럼 "타닥" 하고 전기가 들어오고, 그 빛으로 주변이 환하게 밝아진다.

노인의 영성 이야기는 노인에 대한 고정관념을 바꾸는 데서 시작된다. 노인들은 우리가 알고 있는 어둡고 칙칙한 사람들이 아니라 하나님이 주신 영과 그 특성을 깨닫고 눈 뜨는 순간부터 시작을 믿고 걸어가는 사람들이다. 그 새로운 시각을 온몸으로 받아들이는 그 모든 상황을 포함하면서, 처음에 그 사실을 인지한 그 순간 바로 영성이 눈 뜨고 탄생한다. 유레카!

노년의 영성을 이야기하는 지금 이 순간, 우리 스스로도 지성의 문이 열리고, 눈이 빛나고, 얼굴이 환해진다. 영성은 가진 자뿐 아니라 보는 자의 눈과 정신도 열어 준다.

우리에게 영성의 순간을 선사하는 노년의 영성은 어쩌면 선물일 수도 있다. 노인의 숫자가 증가하는 고령 사회에 모두 탄식하며 걱정한다. 하지만 그것은 우리에게 희망 신호가 될 수도 있다. 현대의 화두가 '행복'과 '성공'임을 논박할 사람은 거의 없을 것이다. 많은 노인이 그것은 틀린 말이라고 세력을 모아 주장한다면 이는 전례 없는 예언자적 힘이 될 수 있다. 노년들이 소리를 내어 인간으로서 우리의 가치가 '소비'와 '소유'에 있는 것이 아니라고 천명할 때 그리스도인들의 고귀한 정체성이 회복의 문지방을 넘기 시작할 것이다.

성경은 많은 예언자를 통해 시대를 드러내고 새 시대를 꿈꾸게 했다. 예언자는 무기력한 상황에서 희망을 보게 하는 빛이었다. 또한 예언자는 자신의 사회가 편승하고 있는 현실을 투명하게 보여 주고 여기에 반기를 들었다.

구약성경을 보면, 예언자는 두 가지 방식으로 행했다. 하나는 뿌리 깊은 불의를 폭로하는 것이었다. 노인들이 연대해 두 팔의 소매를 걷어붙이고 노인들에 대한 폭력적인 태도, 형편없는 수입, 부적절한 의료 혜택, 아직도 일할 수 있는데 쫓겨난 강제 은퇴로 경험한 고통을 알린다면 노인들은 예언자가 된다.

또 하나, 예언자는 대안적인 비전을 제시하는 지혜의 사역을 행했다. 노인들은 인간 삶의 대안적인 비전을 보여 주는 지혜의 사역을 수행하기도 한다. 이로써 '새로운 인간'의 시작, 신세계의 시작이 이루어질 수 있다.

사회의 가치 체계에 도전하기 위해서는 '우리가 누구인가?'에 대한 분명한 생각을 가지고 신앙이 우리 삶에 주는 의미를 알아야 한다. 나이를 먹어 가면서 영성은 노년의 삶이 가지고 있는 예언자적 모습을 세상을 향해 뿜어내게 하는 심장이 된다.

노년기의 다양성 이면에는 의존과 독립, 사랑과 성, 상실과 죽음, 경이로움과 관조, 그리고 상호 간의 재원에 관한 공통된 관심사가 있다. 노년기의 이러한 풍부함은 예언자 영성의 바탕이 될 것이다.

 나이 듦과 함께 깊은 영성을 소유하기 위한 TIP 1

1. 정말 잘 살아야 될 때는 노년기다. 노년기의 삶은 내리막길이 아니라 '늙는 축복'을 경험하는 중이다.
2. 우아함과 따스함은 노년기의 은총의 또 다른 측면이다.
3. 노년기의 영성이란 '하나님의 바람이 있다는 것을 눈으로 보는 것, 곧 깨닫는 것'이다.
4. 우리에게 영성의 순간을 선사하는 노년의 영성은 어쩌면 선물이다.

2장
노년기 영성의 힘, 보이지 않는 눈으로 보는 것

1. 시므온과 안나, 성경에서 찾은 아름다운 노인의 본보기

누가복음에서 발견한 노년기의 영적인 인물들이 있다. 예수님이 태어나시고 나서 바로 예루살렘으로 오셨을 때 아기를 기다렸다는 듯이 만난 두 사람이 있었다. 한 사람은 시므온이라는 나이 많은 남자였고, 또 한 사람은 안나라는 나이 많은 여성이었다.

"예루살렘에 시므온이라 하는 사람이 있으니 이 사람은 의롭고 경건하여 이스라엘의 위로를 기다리는 자라 성령이 그 위에 계시더라 그가 주의 그리스도를 보기 전에는 죽지 아니하리라 하는 성령의 지시를 받았더니 성령의 감동으로 성전에 들어가매 마침 부모가 율법의 관례대로 행하고자

하여 그 아기 예수를 데리고 오는지라 시므온이 아기를 안고 하나님을 찬송하여 이르되 주재여 이제는 말씀하신 대로 종을 평안히 놓아 주시는도다 내 눈이 주의 구원을 보았사오니 이는 만민 앞에 예비하신 것이요 이방을 비추는 빛이요 주의 백성 이스라엘의 영광이니이다 하니 그의 부모가 그에 대한 말들을 놀랍게 여기더라 시므온이 그들에게 축복하고 그의 어머니 마리아에게 말하여 이르되 보라 이는 이스라엘 중 많은 사람을 패하거나 흥하게 하며 비방을 받는 표적이 되기 위하여 세움을 받았고 또 칼이 네 마음을 찌르듯 하리니 이는 여러 사람의 마음의 생각을 드러내려 함이니라 하더라 또 아셀 지파 바누엘의 딸 안나라 하는 선지자가 있어 나이가 매우 많았더라 그가 결혼한 후 일곱 해 동안 남편과 함께 살다가 과부가 되고 팔십사 세가 되었더라 이 사람이 성전을 떠나지 아니하고 주야로 금식하며 기도함으로 섬기더니 마침 이때에 나아와서 하나님께 감사하고 예루살렘의 속량을 바라는 모든 사람에게 그에 대하여 말하니라"(눅 2:25-38).

이 말씀을 읽으면서 시므온과 안나에게 집중하는 경우는 드물 것이다. 여기에 안나는 과부였고, 84세가 되었다고 나온다. 요즘 같은 백세 시대에 84세를 살았다는 것이 그리 이상하게 느껴지지 않아서일지도 모르겠다. 하지만 평균 수명이 채 30세도 되지 않던 시절, 안나는 만수를 누렸다 말할 만하다.

이 이야기의 주인공은 예수님이시기 때문에 시므온과 안나는 그냥 지나치기 쉽다. 이 이야기들은 성탄절이 다가오면 많이 듣는 말씀으로서,

기분 좋고 행복한 메시지로 받아들이는 경우가 많다.

그런데 시므온과 안나 두 사람과 예수님에 대한 영적 묵상을 그림으로 옮긴 화가가 있다. 바로 렘브란트다. 그는 성경 이야기를 그린 수많은 성화를 남겼는데, 그중에 시므온과 안나와 관련된 그림도 있다. 1669년에는 누가복음 2장의 내용을 바탕으로 〈시므온의 노래〉라는 제목의 유화를 그렸다.

〈그림 2〉 시므온의 노래, 렘브란트, 98X70cm, 유화, 1669년

아기 예수를 안고 있는 노인이 바로 시므온이다. 제일 먼저 그의 얼굴을 집중해서 보면, 긴 수염을 늘어뜨렸고 이미 나이가 꽤 들어 보인다. 렘브란트는 노인의 힘없는 머릿결조차 정말 힘이 없어 보이게 그렸다. 시므온의 눈을 잘 보면 떴는지 감았는지가 분명하지 않다. 마치 앞을 못 보는

사람처럼 그려져 있다. 반면에 얼굴은 환하게 빛나고 있다. 렘브란트는 그림에서 가장 밝게 빛나도록 그린 곳에 가장 큰 의미를 두었다.

얼굴 표정을 보면, 늘 머릿속에 무언가를 기다리고 있던 사람 같다. 그러던 중 이제 그의 품에 아기 예수를 안게 된 것이다. 아기 예수 역시 환하게 빛나고 있다. 그런데 더욱 주목해서 볼 것은 아기 예수를 안고 있는 시므온의 손이다. 깜짝 놀랄 만큼 크다. 또 노인의 손이라고 보기에 굉장히 큰 것은 물론, 마치 막대기를 연결해 놓은 듯 단단해 보인다.

이 그림의 특징들을 살펴보면, 렘브란트가 이 말씀에서 어떤 생각들을 했는지 어렴풋이 읽을 수 있다. 시므온은 우리가 알고 있는 노인의 특성을 그대로 닮았다. 제대로 뜨지 못하는 눈과 투박한 손이 그것이다. 시므온의 손이 무엇을 하고 있는가? 아기 예수를 귀하게 안고 있다. 이 불편한 눈이 무엇을 하고 있는가? 아기 예수를 귀하게 보고 있다. 어쩌면 아기 예수가 태어나셨을 때 어느 누구도 가까이에서 제대로 예수를 보지 못했던 그 순간에 시므온은 잘 벌어지지도 않는 눈으로 아기 예수를 보게 된 것이다. 얼마나 위대한 순간이고, 감동적인 순간인가!

렘브란트의 〈예언자 안나〉도 이와 비슷하다. 누가복음에서 안나는 구원을 바라는 예루살렘 사람들에게 아기 예수에 대해 말했다. 어떻게 나이든 여인이 그렇게 할 수 있었을까?

〈예언자 안나〉라는 그림을 보면 그 해답을 찾을 수 있다. 이 그림은 〈시므온의 노래〉에 비해서 훨씬 더 선명하다. 전체적으로 선명한 그림에 비해 모자 안쪽의 얼굴을 보면 놀라게 된다. 자세히 보면 얼굴이 선명하지 않고 마치 뭉개진 것처럼 그려 놓았다. 눈과 코, 그리고 입이 잘 구분되지 않는다. 안나의 눈도 떴는지 감았는지 불분명하다.

그뿐만 아니다. 안나는 구부정한 어깨를 가지고 있고 붉은 망토를 두르고 있는데, 오히려 망토 뒤쪽인 등 부분이 굉장히 밝고 빛이 비치는 것 같다. 이는 이 노인이 가지고 있는 과거의 아름다운 특성들, 좋은 기억들을 밝게 표현한 것이 아닐까?

〈그림 3〉 예언자 안나, 렘브란트, 60X48cm, 유화, 1631년

더 나아가서, 뭉개진 얼굴과 대비되는 것이 있다. 바로 성경책이다. 성경책은 얼굴에 비해서 매우 크고 분명하게 새겨져 있고, 글씨마저도 뚜렷하게 표현했다. 그 글씨에 대고 있는 손을 봐도 굉장히 환하게 빛나고 있다. 눈은 거의 보지 못하는 것처럼 그려 놓은 데 반해, 마치 성경을 손으

로 읽는 것 같은 느낌이다. 온몸의 감각으로 읽는 것 같다. 아니, 몸을 넘어서 영혼으로 말씀을 읽는 것 같다. 성경을 온몸과 영혼으로 읽어 나가는 모습을 표현한 것이 아닐까?

나이가 많아서 아무것도 제대로 하지 못할 것 같은 이 여인은 말씀을 통해 예수님을 기다렸다. 성경에 나타난 예언의 말씀을 깊이 묵상하고, 구원자 예수에 대한 믿음의 눈을 갖게 된 것이다. 노년의 우리는 늙어서 보이지 않는 눈으로 가장 거룩한 것을 본다.

말씀에 나타난 시므온과 안나의 모습은 우리가 일반적으로 떠올리는 연약한 노인의 이미지와는 사뭇 다르다. 시므온은 성경에 '의롭고 경건한 자', '이스라엘의 위로를 기다리는 자', '성령이 이끄시는 자', '그리스도의 오심을 보기 전에는 죽을 수도 없는 자'로 나온다. 시므온에 대한 이러한 표현들은 우리가 노년기에 어떻게 살아야 하는지를 보여 주는 아주 중요한 대목이다.

안나에 대해서는 어떠한가? 안나는 '선지자'이며, 젊어서 결혼해 7년 만에 과부가 되었고, '주야로 금식하며 기도함으로 섬기는 자'로 나온다. 잘 보이지도 않는 눈과 망토에 가려진 몸, 그리고 제대로 형성되지도 않은 것 같은 얼굴의 눈과 코와 입은 늙음을 표현한다. 그럼에도 불구하고 그 주름진 손은 성경을 읽고 있다.

안나와 아기 예수를 안고 있는 시므온의 그림을 보면, 완전히 새로운 시각을 발견하게 된다. 그것은 무엇인가? 안나와 시므온은 평생 동안 예수님을 기다려 왔던 사람들이라는 것이다. 그들에게는 나이 드는 것이 축복이었다. 그들은 남들이 상실의 계절이라고 느끼는 노년기에 누구보다도 놀라운 경험을 했다. 눈이 멀고 힘이 없어진 후에야 예수님을 진짜로 품에 안을 수 있다는 것이 아닐까?

2. 노년기의 영성은 인생의 겨울에서 찾은 희망이다

우리 집 앞에는 목련이 하나 있다. 아주 큰 목련이라 아름답기는 하지만, 그렇다고 마냥 좋지만은 않다. 가끔은 앞이 보이지 않을 정도로 빛을 다 가리기 때문이다. 목련은 잎사귀가 굉장히 커서 몇 개만 붙어도 우리집 작은 창문을 다 가린다. 봄이 오면 화려하게 목련이 피어나고, 봄이 지나가면서 목련 그 꽃이 떨어지면 잎사귀가 크게 자란다. 여름이 되면 그 잎사귀들이 무성해지면서 창 앞을 다 가리는 통에 여름 내내 우리 가족은 나뭇잎만 보고 산다. '아 푸르구나. 이렇게 나뭇잎이 무성하구나.'

그러다 가을이 되면 잎이 누렇게 되는데, 여전히 창문 앞을 가린다. 그러고 나서는 잎사귀들이 정말 많이 떨어져 버린다. 곧 찬바람이 불어오고 이내 마지막 목련 잎이 떨어지고 나면 눈이 시작된다. 눈이 오면 우리 집에는 완전히 새로운 광경이 펼쳐진다. 우리 집 밖 목련 나무 뒤에는 넓은 주차장이 있다. 목련이 무성할 때는 보이지 않던 넓은 주차장이 겨울이면 그 모습을 드러낸다. 잎이 다 떨어지는 혹한이 와야 비로소 그 뒤의 전경이 보이면서, '이게 우리 집 앞이구나' 하고 제대로 알게 된다.

어쩌면 노년기는 이런 시기가 아닐까? 겨울처럼 황량한 시기가 와야 정말 우리 집 앞에 무엇이 있는지 발견하게 되는 것이다.

봄과 여름에 잎사귀가 무성할 때는 사실을 사실로 볼 수가 없었다. 겨울이 되니 진짜 사실을 눈으로 보게 된다. 사실을 사실로 보는 시기가 노년기가 아닐까? 여름에 볼 수 없었고, 가을에는 열매에 묻혀 보이지 않았던 현실의 모습을 이제야 볼 수 있다. 가끔은 아주 잔혹하기도 하지만, 가장 실체적인 것들을 보는 시기가 바로 노년기일 것이다. 이 시기가 되어야 비로소 우리는 내 앞뿐만 아니라 주변을 보게 될 것 같다. 또 주변을 보는 데서 그치는 것이 아니라, 이제 그 문을 열고 나가서 진짜 그것이 있는지 만져 보는 시간이다.

인생의 사계절 중 노년기를 겨울이라고들 말한다. 다니엘 레빈슨이 말하는 인생의 겨울은 물론 상실의 계절이다. 봄날에는 꽃이 피고, 여름날 잎이 무성해지고, 이내 낙엽으로 떨어진다. 찬바람이 불어오면서 나무들은 벌거숭이가 되고 뼈대를 앙상하게 드러낸다. 겨울에 세상은 모든 것을 잃는다.

그러나 이런 앙상함만 남는 그 상실의 경험으로부터 얻는 선물이 있다. 겨울은 여름이 감춘 것들을 모조리 드러낸다. 처음에는 보지 못했던 나무 뒤의 전경을 더 멀리까지 그려 낼 수 있고, 더 분명하게 보게 된다. 여름과 가을날의 덩굴과 잎사귀들이 막아 버렸던 오솔길을 열면서 우리는 다른 계절에는 엄두도 못 내는 길을 걷게 된다. 그 길 위에 내밀의 삶과 삶의 각성이 있다. 꽃봉오리의 껍질 아래에는 액즙이 숨어 흐르고, 봄의 색이 벌거벗은 겨울을 색 입힌다.

겨울, 그 노년의 은총은 무엇일까? '은총'이라는 말은 많은 의미를 가지고 있다. 그리고 그 의미의 수만큼 노년기의 축복도 헤아릴 수 없이 많다. 아름다움은 은총이다. 노인의 늦은 걸음걸이를 보면 그 은총을 볼 수 있다. 젊은 시절의 속도와는 비교할 수 없이 느리다. 하지만 그것은 새로운 아름다움, 즉 경험에 의해 정련된 아름다움, 사물을 둘러보며 포용하는 여유를 갖는다. 빠른 걸음으로는 결코 볼 수 없는 것들이 있다. 벌어지는 꽃봉오리와 변해 가는 낙엽의 색, 굵어져 가는 열매, 그리고 옆집 대문의 녹슨 경첩과 같은 것들이다.

봄이 오려면 겨울이 지나가야 되고, 겨울을 겪은 사람만이 봄에 새싹이 난다는 것을 알게 된다. 그래서 겨울이 가지고 있는 것은 바로 희망과 기대에 관한 것이다. 이스라엘 민족이 애굽에서 나와 황무지에서 40년을 견딜 수 있었던 것은 약속의 땅에 대한 희망과 기대 때문이었다. 아브라함이 모든 것의 근원이자 유업이 남아 있는 고향을 기꺼이 떠날 수 있었던 것 역시 신실하신 분이 주신 분명한 약속과 희망 때문이었다. 미래가 그들에게 새로운 기회를 줄 것이라는 믿음과 기대가 있었기 때문이다.

우리가 누군가를 사랑한다는 것은 그에게서 무엇인가를 기대하는 것이다. 이것은 동시에 그 기대를 이룰 수 있다는 가능성을 믿는 것이다. 더 이상 아무것도 기대하지 않는다는 것은 더 이상 기대를 받을 것이 없는 사람의 존재의 근원을 뿌리째 흔들어 놓는 것이다.

기독교는 미래적 종교다. 희망을 갖고 살도록 부름을 받은 그리스도인은 나이를 먹어 갈지라도 미래는 재판관이자 은총이라는 사실을 기억해야 한다. 미래는 절망으로 가는 통로가 아니라 새로운 축복과 성취를 위한 것이다. 가장 중요한 사건이 인생의 어느 때에 일어날지 알지 못한다. 실상 그것은 인생의 마지막 해, 마지막 달, 마지막 순간에 일어날 수도 있다. 그렇다면 노년기는 새로운 시작을 위한 용기를 얻는 때가 될 수 있다.

요한 볼프강 폰 괴테는 70대에 『파우스트』를 썼고, 파블로 피카소는 91세 임종의 순간까지 그림, 드로잉, 조각 등 다양한 분야에서 작품들을 완성했으며, 오귀스트 르누아르는 70세에 자화상을 그렸다. 모두 노년기의 한계를 경험하며 완성한 예술 결과들이고, 용기의 산물들이다. 마틴 부버도 노년에 시력이 약해지고 병이 반복되었지만, 마지막 혼수상태에 이를 때까지 히브리 성서를 독일어로 번역하는 네 번째 수정판 작업을 계속했다.

용기를 내고 새로 시작해야 희망이 보이기 시작한다. 노년기는 실상 희망의 경험과 구색이 잘 맞는다. 상실 경험이 충만한 노년기에 희망은 노인들을 둘러싸고 있는 사회적 장벽에서 활로를 줄 수 있기 때문이다. 그리고 이러한 희망은 하나님을 향한 소망으로 향할 때 더 아름답다. 즉 희망의 자리는 아직 비어 있는 자리이며, 바로 이 자리의 공허는 하나님을 향한 희망의 자리이기도 하다. 희망은 마침표 없이 끝없이 열려 있으며, 하나님의 약속은 신실하며 반드시 이루어진다는 믿음에 근거하고 있다.

신앙은 우리의 제한적인 희망에 더 큰 가능성을 열어 준다. 우리의 하나님은 꿈꾸는 희망, 그 미래의 하나님을 통해 나이와 무관하게 모두를 새로운 미래로 이끌어 가신다. 그리스도인의 마지막 희망은 하나님과의 놀라운 연합에 있다. 이 희망은 하나님과의 연합을 통해서 더 이상 사적인 것이 아니다. 오히려 그것은 하나님과의 연합이 그러하듯이 사랑의 표현이자 고통받는 모든 이와 함께 연합하는 것이다. 이러한 연합은 희망이 '육신이 되게' 하는 현장을 만들어 낸다. 하나님의 약속에 마음을 열어 놓을 때 우리는 사라와 아브라함처럼 다음 세대를 위한 약속을 받은 자가 될 것이다.

3. 노년기를 더 여유 있게 해주는 유머와 영성

유머는 노년기 삶의 특징적인 면이 되어야 한다. 물론 사람은 대부분 웃고 산다. 농담을 듣고, 만화를 보고, 어이없는 일들을 보고 웃곤 한다. 유머를 자기에게 맞는 형태로 구사하기도 한다. 우리는 오랜 시간을 살면서 광범위하고 복잡다단하게 사람들을 경험할 때 비로소 깊이 있는 진짜배기 유머를 구사할 수 있다.

유머는 노년의 축복일 뿐 아니라 노년기의 희망과 치유와 불가분의 관계에 있다. 유머는 한계와 실패를 초월해 현실이 최악의 비극이 아니라는 점을 알려 준다. 유머는 어둡고 시커먼 하늘 한가운데를 뚫고 비치는 한 줄기 햇살처럼 하나님의 지속적인 현존을 알려 주며 인간의 미래에 희망을 준다. 이러한 유머와 인간의 한계, 그리고 유머와 인간의 가능성은 노년기 영성에 필수적이다.

70대 어르신들에 대한 재미있는 유머가 있다. 아파트 5층에 70대 노부부가 살았는데, 할아버지가 떡을 굉장히 좋아했다. 이 할아버지가 한여름에 떡을 먹는다고 먹었는데, 목에 딱 걸렸다. 실제로 떡을 먹다가 질식사로 병원에 가시는 분들이 1년에 1,000명이 넘는다고 한다. 아내가 놀라서 119에 전화하자 구급차가 도착했고, 바퀴 달린 침대가 왔다. 할아버지를 눕힌 후 엘리베이터 문을 열고 침대를 넣으려고 하는데 들어가지 않았다. 침대가 엘리베이터보다 컸던 것이다. 어떻게 넣어 보려고 옥신각신하다가 떡이 툭 튀어나와서 할아버지가 살아났다.

7개월이 지나고 한겨울이 왔다. 밖에서 들리는 "메밀묵~ 찹쌀떡~" 소리에 할아버지가 참지 못하고 떡을 샀다. 입에 넣고 먹으려고 하는데 아내가 문을 확 열었다. 깜짝 놀란 할아버지 목에 떡이 딱 걸렸다. 아내가 또 119에 전화하고, 구급차가 도착하고, 바퀴 달린 침대가 와서 할아버지를 눕혔다. 엘리베이터 앞에 가자 아내가 침대를 접었고, 무사히 할아버지를 병원으로 데려갔다.

의사가 진료를 하더니 "운명하셨습니다"라고 말했다. 곧 의사와 간호사가 철수했다. 그런데 사실 할아버지는 돌아가신 것이 아니라 간신히 숨을 쉬고 있었다. 옆에 있던 아내의 손을 잡으려고 사력을 다해 손을 파르르 떨면서 잡았더니 아내가 뭐라고 했을까? "죽었다고 하잖아요."

노년기 부부의 모습을 블랙 유머로 풀어 놓은 이야기다. 물론 이 이야기는 비극이고, 엄청난 사건이다. 그런데 이 절체절명의 순간에 일어난 급박한 상황을 두고 우리는 함께 웃을 수 있다. 이것이 유머가 가지고 있는 힘이다. 노인들은 인생에 비극과 희극이 함께 어우러져 있다는 것을 안다. 성공은 실패와 한데 섞여 있고, 기쁨은 슬픔과 섞여 있고, 사랑은 증오와 섞여 있고, 건강은 질병과 함께한다. 또한 소유는 상실과 더불어 존재한다. 이때 슬픔을 기쁨으로, 증오를 사랑으로, 상실을 소유로 뒤집는 역설의 핵심에 유머가 있다.

유머는 인간 존재의 한계를 알려 주면서, 더불어 인생에서 절대적인 것은 없다는 사실 역시 알려 준다. 또한 유머 덕에 현실로 되돌아온다는 점에서 알 수 있듯이, 유머는 우리가 잃거나 거부당하는 시점에서조차 우리에게 남겨져 있는 자원을 잘 이용할 수 있도록 돕는다. 애통해할 줄 아는 자만이 진정으로 웃을 수 있다. 비극의 고통은 깊고 넓은 희극의 전조다.

비극의 한가운데서 즐거운 이야기를 만들 수 있는 이유는 무엇일까? 사실은 달라지지 않는데, 우리가 어떻게 해석하느냐에 따라서 위급한 상황이 될 수도 있고, 유머로 다 같이 웃을 수도 있다. 일상에서 웃음이 없다면 우리는 모두 미치고 말 것이다. 모두 신경증 환자가 되어 웃음을 찾아 정신과를 전전하게 될 테니 말이다. 유머는 웃음을 찾아 주는 요술 방망이이자 우리 마음의 안식처이고, 미래를 꿈꾸게 한다.

유머는 겸손과 하나님을 보여 주기도 한다. 유머가 언어가 가지는 현상 이상의 초월적 가치를 보여 주듯이, 우리의 관점은 유한하고 인생에는 더 크고 전능한 힘이 존재한다는 것을 알게 된다.

나이를 먹어 가면서 유머의 중요성이 부각되는데, 유머가 없다면 어떨까? 죽음조차도 때로는 부드럽게 넘기고, 유연하게 받아들일 수 있는 상황으로 만드는 것이 유머다. 웃음은 대개 방어를 풀고 전에는 미처 몰랐지만 실상은 늘 그 자리에 있었던 것을 볼 수 있을 만큼 편안해질 때 나온다. 방어가 풀리고 희망과 관계가 만들어지는 잔치 자리가 바로 유머이고 화합하는 하나님의 임재 경험이다.

4. 연약해진 눈을 감을 때 하나님의 바람이 느껴진다

심리학에서는 영성을 약간 다른 의미로 '통합성'이라고 설명하는 것 같다. 발달심리학자 에릭 에릭슨은 인생을 유아기, 초기 아동기, 학령 전기, 학령기, 청소년기, 초기 성인기, 성인기, 노년기 등 8단계로 나누었다. 그에 의하면 각 단계마다 인생의 숙제가 있다. 인생의 숙제를 잘한다면 성공적인 삶이고, 그렇지 않은 경우 인생에 위기가 온다.

중년기의 숙제는 '생산성'이기 때문에 자녀를 잘 키우고, 승진도 열심히 하고, 어르신들을 잘 모셔야 한다. '내가 얼마나 잘하고 있나? 어느 정도 하고 있으니 다행이다'라고 느끼면 생산성을 획득한 것이다.

그렇다면 노년기의 과제는 무엇인가? '통합성'이다. 노년기의 통합성이란 무엇인가? 과거에 정말 후회스럽고, 잘못하고, 창피했던 일들은 나이가 들어서도 잊어버리지 못하고 가끔 뒤통수를 찌르면서 생각이 난다. 이런 수치심과 죄책감으로 똘똘 뭉쳐 있던 과거에 대해서 '잘못한 것이 너무 많은 것 같아. 그런데 그때는 그럴 수밖에 없었어. 그래도 나름대로는 최선을 다해 살았어. 이만하면 괜찮아'라고 느끼는 것이 통합성이다.

통합성은 과거의 아쉬움에 대한 해석을 통해 삶을 새로 보는 과정을 말한다. 노년기에 인생 주기를 받아들이지 못할 경우 혐오스러워하며 죽음과 절망을 두려워하게 된다. 생각하기도 두려운 절망의 현장에서조차 기억은 현재 삶의 통합과 평화를 제공하며 왜 신앙이 중요한가를 짚어 낸다.

신앙은 세계관이고 해석의 창이다. 특히 신앙은 우리 기억에 중요한 차원을 더한다. 신앙을 가지고 있을 때 우리는 기억을 단지 모아 놓고 감상하는 컬렉션이 아니라 되짚고 재해석해 삶을 절망에서 통합으로 이끄는 통로로 활용할 수 있다. 우리는 하나님 앞에서 우리의 삶을 되돌아보게 된다. 하나님 앞에서 돌아보는 삶은 고통을 과정으로, 현실을 새로운 통찰의 장으로 창조한다. 이처럼 기억은 추억과 신앙 안에서 공통분모 역할을 한다. 어쩌면 우리가 가지고 있는 수많은 과거의 이야기들과 어려운 상황들, 그리고 후회스러운 장면들이 노년기에 후회와 수치심으로 다가오지 않을 수도 있다.

이처럼 노년기에 과거 속에 살아가는 것이 아니라 과거의 것들을 새롭게 재해석할 수 있는 것이 통합성의 능력일 것이다. 사실을 유머로 만들고, 우리가 가지고 있는 과거의 기억들을 새롭게 만들어 삶의 원동력으로 삼을 수도 있다. 노년기에 인생을 바라보는 하나의 새로운 해석의 통로가 될 수 있다는 것이다.

이 해석의 통로는 무엇을 통해 알 수 있는가? 노년의 눈은 감겨 있지만, 렘브란트의 그림에서 보았던 성경의 인물들인 시므온과 안나처럼 둔탁한 손과 형편없고 보잘것없는 눈을 가지고 있지만 그 손으로 성경을 읽고, 예수님을 안는 일을 새롭게 할 수 있다. 기억과 우리가 가지고 있는 추억을 통해서 하나님이 우리에게 주셨던 축복을 세어 볼 수 있는 것이다.

우리는 볼 수 없는 눈으로 하나님이신 예수님을 볼 수 있다. 우리가 그리스도 안에서 기쁨을 느낄 수 있는 이유는 기독교가 가지고 있는 역설 때문이다. 수치가 영광이 되고, 슬픔이 기쁨으로 돌아서는 순간이 있다. 볼 수 없는 눈이지만 예수님을 볼 수 있는 복음의 역설이 있다.

우리는 어떤 사건들을 다르게 해석할 때 그것을 '신앙의 눈을 통과한 고백'이라고 부른다. 노년기에는 어쩌면 우리가 갖고 있는 현실적 고통과 아픔으로 끝나는 것이 아니라 그것들을 또 다른 눈으로 볼 수 있는 통로가 열리는 것이 아닐까?

기억이 깜박인 경험이 있을 것이다. 과거 뚜렷했던 내용들이 어느덧 나이가 들어 가면서 이름이나 날짜 같은 세세한 사항들은 잘 생각나지 않을 것이다. 그러나 놀랍게도 과거 삶에서 핵심적인 부분들은 비교적 또렷이 기억난다. 인생의 향방을 바꾸어 놓았던 사건이나 결정들, 친구들에게 빚졌던 사랑, 간신히 극복해 낸 시련, 보란 듯이 이루어 낸 업적, 뼈에 사무치도록 잊지 못할 슬픔과 기쁨 등 모든 순간은 우리가 이미 까맣게 잊고 있는 세세한 사항들보다 훨씬 중요한 것들이다.

하나님 앞에서 우리는 잊고 지낸 경미한 내용보다는 우리 삶의 큰 차원을 기억한다. 이 차원은 우리 삶의 정체성과 자존감을 강화시켜 줄 뿐 아니라 우리 속에 하나님의 놀라운 현존을 깨닫게 해준다.

성경은 모두 이야기이고 기억이다. 구약성경이나 신약성경 가릴 것 없이 이스라엘은 성경이라는 큰 추억의 창구를 통해 하나님이 이스라엘에게 하셨던 이야기를 되새겼다. 어떻게 하나님이 이스라엘의 불순종 가운데 신뢰를 보이셨는지, 하나님의 현존이 시련의 시기에 이스라엘을 어떻게 지지해 주었는지 반복해서 말했다.

현대 그리스도인들은 2000년 이상 지난 기억을 통해 하나님의 사랑과 그분의 살아 계심을 증명한다. 이는 과거가 현재의 용기가 되고, 기억이 우리의 희망이 된다는 것을 말한다. 이것이 복음의 역설이고, 신앙의 힘이다.

겨울이라서 더 볼 수 있고, 눈을 감았기에 더 잘 볼 수 있도록 하는 해석의 통로를 갖는 것이 노년기의 영성이다. 눈으로 보는 것, 그러나 보이지 않는 눈으로 보는 것이 노년기 영성이 가지고 있는 힘이다. 노년기가 가지고 있는 영성의 가장 첫 번째 단추는 눈으로 느끼고 손으로 읽는 영성일 것이다.

영성은 하나님의 바람을 느끼는 것이다. 하나님의 바람은 어제처럼 오늘도 불어온다. 그 바람은 우리가 태어날 때부터 불었던 바람이고, 아동기에도 불었고, 청소년기에도 불었고, 청년기에도 불었고, 성인 초기에도 불었고, 중년기에도 불었고, 노년기에도 불어온다.

그러면 그 바람을 가장 잘 볼 수 있는 시기는 언제인가? 눈을 감아야 오감이 살아난다. 눈을 감은 사람이 더 잘 느낀다. 더디고 느린 감각을 가지고 있는 노년기에 더 힘찬 바람을 느낄 수 있는 것이다. 그 바람이 내게 오고, 그것이 바로 하나님의 바람이라는 것을 느끼는 순간, 바로 영성이 스며 나온다.

지금 눈을 감아 보라. 눈을 감는다는 것은 다른 감각에 더 집중한다는 뜻이다. 눈을 감으면 소리가 더 잘 들린다. 내가 머물러 있는 순간이 길수록 주변이 더 멀리까지 확장된다. 이런 확장의 순간은 가장 빨리 달리고 가장 멀리 달려야 하는 청년기나, 가장 많이 생산해야 하고 더 많은 것을 산출해 내야 하는 중년기에는 찾아볼 수 없다. 이런 경험은 노년기에 가장 또렷하다.

노년기에 가진 것이 없다고 고민할 것이 아니라 내가 가지고 있는 것들이 무엇인지 먼저 돌아볼 필요가 있다. 하나님의 바람은 언제나 불고 있었다는 사실을 기억하는 자가 바로 그리스도인이고, 그 바람을 더 강하게 느끼는 것이 노년기의 축복이다.

노년기에 접어들지 않았지만 그런 영성을 느끼는 순간이 있다. 쇄골을 다쳐서 두 달 동안 집 안에 머문 적이 있었다. 한겨울이었는데, 목련 나무 잎사귀들이 모두 떨어져 집 앞에 있는 주차장을 볼 수 있었다. 그 주차장에 눈이 많이 쌓여 있었다. 살아가면서 그 눈 덮인 장면을 그렇게 오랫동안 바라본 적이 없었다. 그동안 경험하지 못한 경험을 했다. 만물이 볼록 렌즈로 보이는 것 같았다.

갇혀 있는 순간에 더 많은 것이 보인다. 그 만물이 바로 하나님이 불어 주신 바람이다. 그 바람을 이제 우리는 흐릿해진 눈과 무뎌진 발로 경험하는 것이 아니라 마음으로, 또 내게 주어진 모든 감각으로 경험한다. 하나님이 주신 바람을 발견하는 것에서 영성의 문은 열린다. 그 안으로 들어가면 우리 안으로 오시는 하나님을 만날 것이다.

나이 듦과 함께 깊은 영성을 소유하기 위한 TIP 2

1. 노년은 늙어서 보이지 않는 눈으로 가장 거룩한 것을 본다. 따라서 나이 드는 것은 축복이다.
2. 사실을 사실로 보는 시기, 가장 실체적인 것들을 보는 시기가 노년기다.
3. 나이가 들수록 유머가 중요하다. 유머는 죽음조차도 부드럽게 넘기고 유연하게 받아들일 수 있는 상황을 연출한다.
4. 노년기의 과제는 통합성이다. 통합성이란 과거의 아쉬움에 대한 해석을 통해 삶을 새로 보는 과정이다.
5. 하나님이 주신 바람은 더디고 느린 감각을 가진 노년기에 더 힘차게 느낄 수 있다.

3장
더딘 손과 느려진 발로 깨닫는 영성

1. 통증, 반드시 나쁜 것만은 아니다

죽음과 죽어 간다는 것은 둘 다 어느 연령층에서나 일어난다. 그러나 죽음이 긴 인생의 끝이 된다고 할 때 누구나 죽어 가는 과정을 경험하는 셈이고, 마치 죽기 위해 사는 인생인 것 같은 생각도 든다. 분명한 사실은 싫든 좋든 죽어 가는 과정의 내리막길은 금방 끝나는 것이 아니며, 극복할 수도 없다는 점이다. 노년기에 접어들면 다른 어떤 시기보다 천국과 지옥에 대한 생각을 많이 하게 된다.

천국과 지옥에 관한 부자와 나사로 이야기를 기억해 보자. 누가복음 16장에 나오는 부자와 나사로 이야기의 주인공은 어느 부자다. 이 부자는 날마다 호의호식을 하면서 1년 내내 잔치를 하며 행복하게 지냈다. 그의 주변에는 상에서 떨어지는 부스러기라도 먹으려고 했던 거지 나사로가 있었다. 나사로는 가난하기만 했던 것이 아니라 병도 들어서 온몸에 난 여러 가지 염증들로 몸 여기저기가 헐었다. 그 상처를 개가 와서 핥았다. 그는 아무도 돌보지 않는 자였고, 가까이하려는 자 역시 아무도 없었다. 오직 개만 그의 곁에 있었다.

그런데 호사를 누렸던 부자나 가난하고 병들었던 나사로 모두에게 공평하게 죽음이 찾아왔다. 나사로는 고난의 삶과 달리 죽어서는 아브라함의 품에 안겼다. 유대교의 전통이나 기독교 내 여러 신앙 전통 중에 아브라함의 위치 때문에, 여기서 아브라함의 품에 안겼다는 말은 천국에 있다는 것을 의미한다. 반면에 부자는 뜨거운 불 속에서 신음했다. 성경에는 '음부'라고만 나오는데, 우리가 흔히 지옥이라고 생각하는 곳이다.

너무 뜨거워서 고통에 몸부림치던 부자는 아브라함의 품에 안긴 나사로를 보면서 소리를 질렀다. 나사로에게 직접 하지는 못하고 그를 품고 있는 아브라함에게 말했다.

"아브라함이여, 여기는 너무 뜨겁고 혀가 갈라지는 것 같습니다. 그러니 나사로를 보내 손가락 끝에다가 물을 찍어서 제 혀에다가 대 주시면 안 될까요?"

얼마나 뜨거웠으면 혀가 갈라지는 것 같다고 했을까? 아브라함이 "너는 거기서 괴로움을 받아야 한다"라고 말하자, 부자는 조금 있다가 이렇게 간구했다.

"아버지여 구하노니 나사로를 내 아버지의 집에 보내소서 내 형제 다섯이 있으니 그들에게 증언하게 하여 그들로 이 고통받는 곳에 오지 않게 하소서"(눅 16:27-28).

하지만 아브라함의 대답은 단호했다. 안 된다고 했다. 그 형제들에게는 모세와 선지자들이 있으니 그들에게 들으면 된다고 잘라 말했다.

이 장면은 천국과 지옥을 살짝 엿볼 수 있게 해주는 성경 말씀이다. 그런데 천국과 지옥을 이야기하기 전에 부자에 대해서 생각해 볼 필요가 있다. 부자는 어떤 사람이었는가? 죽기 전에 날마다 호의호식하던 자였다. 한 번도 부족을 느껴 본 적이 없었고, 인생의 어떤 결핍을 느껴 본 적도 없는 사람이었다. 이제 고통의 순간에 그는 변했다. 음부의 고통 중에서 몸에 물이 부족했다. 온몸으로 결핍을 경험한 것이다.

가장 큰 결핍과 가장 큰 고통을 경험한 사람은 과거 모든 것을 누렸던 풍요의 사람, 부자였다. 반면에 나사로는 살아 있을 때 온몸으로 갖은 고통과 괴로움을 겪다가 죽은 다음에는 아브라함의 품에 안겼다. 상황이 역전되었다. 이 말씀에서 많은 사람이 나사로에게 집중하는데, 필자는 나사로보다 부자에게 조금 더 관심이 간다.

부자는 인생에서 통증을 모르다가 모든 감각으로 통증을 경험했다. 그러면서 두 가지 변화를 경험했다. 첫째, 몸의 감각을 아주 절실히 느끼기 시작했다. 혀가 갈라지는 것 같다고 표현했는데, 그는 온몸이 불타는 것 같은 고통을 느꼈다. 이전에는 혀의 갈라짐을 느낀 적이 없었고, 어쩌면 혀가 있다는 것조차 몰랐을지 모른다. 우리도 목젖의 존재를 느끼고 사는 경우는 많지 않다. 너무 피곤해서 목젖에 구내염이 생기면 그때 '아, 내 목에 목젖이 있었구나' 하고 느끼게 된다. 통증이 없을 때는 존재에 대해 의식하지 못하다가 통증을 느끼면서 몸의 일부의 존재를 인식하게 된다. 아프고 통증이 느껴지자 오감이 살아난다. 어쩌면 부자는 호의호식할 때는 느끼지 못했던 온몸의 감각을 얻었을지도 모른다.

두 번째 변화는 이렇다. 그전에 부자는 자기 몸 하나 잘 먹고 잘 사는 것이 가장 중요했다. 음부에 가서 고통을 경험하고 나자 "형제들이 이곳에 오지 않게 해주십시오"라고 부탁을 하면서 다른 사람에게 시선을 돌렸다. 타인을 걱정하고 배려하는 연민이 생겨난 것이다. 어쩌면 이것이 통증의 기능인지도 모른다.

고통을 좋아하는 사람은 없다. 노년기가 되면 다양한 통증을 경험한다. 사지와 오장육부 세포마다 안 아픈 곳이 없다. 때로 아프지 않아도 나이 들어감을 보여 주는 징표들은 많다. 얼굴에 주름이 지고, 그 모습을 보면서 마음의 통증도 느낀다. 중년기를 넘어서서 노년기에 들어서면 사람들은 대개 저절로 살이 찐다. 생물학적으로야 아주 자연스런 현상이지만, 살이 찌는 것으로 끝나지 않고 동시에 주름이 생겨난다.

어쩌면 노년기의 주름은 울음과 고통의 결과가 아니라 기쁨과 즐거움의 결과일 수도 있지 않을까? 우리는 왜 주름을 고통의 결과라고만 생각하게 되었을까? 흰머리가 생기고, 등이 굽어 키가 작아지는 것은 어쩌면 노년기에 필요한 변화다. 노화 증상이 없으면 노년기를 건강하게 살 수 없다고들 말한다. 실제 몸이 작아지고 검은 머리 쪽으로 에너지가 덜 가게 하는 것이 건강한 노년기를 위해 최적화된 조건일 수 있다.

2. 내리막길에서 만나는 하나님의 은혜가 있다

노년들 중에는 관절염으로 고생하는 이들이 많다. 특히 우리나라 여성들의 관절염은 앉아서 생활하는 좌식 문화의 특성상 더욱 심하다. 고통 앞에 무슨 의미가 있겠냐마는, 통증이 선사하는 것이 있다고 생각해 본 적이 있는가? 달리는 사람이나 차를 타고 가는 사람은 볼 수 없지만, 천천히 걸어가는 사람은 볼 수 있는 장면이 있다. 그것은 관절염을 앓아서 통증을 느끼면서 천천히 걸어가는 노년기에 허락되는 축복이다.

노년기의 축복을 이야기할 때 꼭 언급하는 시가 있다. 시인 고은 씨가 쓴 유명한 "그 꽃"이라는 시다.

"내려갈 때 보았네
올라갈 때 보지 못한 그 꽃."

짧지만 인생의 깊이를 전해 주는 시다. 우리는 중년기까지 산을 오르듯 열심히 달음박질치고, 힘이 다 빠져서야 그 산을 다시 터덜터덜 내려온다. 내려올 때는 위험하니까 천천히 내려온다. 그렇다 보면 꽃이 눈에 들어온다. 올라갈 때는 꽃의 존재조차 몰랐는데, 내려오는 길에 그 꽃을 보게 된다. 어쩌면 천천히 걸어가는 사람에게만, 어쩌면 진이 다 빠진 사람에게만 허락되는 아름다움이 있는 것은 아닐까? 이것이 노년기가 가지고 있는 역설이 아닌가 싶다.

우리가 볼 때는 노화를 상징하는 주름이 어쩌면 가장 많이 웃었다는 증거가 되기도 한다. 노년의 더딘 발걸음과 무뎌진 무릎이야말로 아름다운 그 꽃을 볼 수 있게 하는 가장 최고의 조건이 아닌가?

나이가 들면 몸이 말을 듣지 않는다. 빠르게 달릴 수도 없고, 맵시 나게 걸을 수도 없다. 몸이 부자유스러워지면서 우리는 삶의 분기점에 선다. 우리는 누구나 늙을 것을 알지만, 자신의 노화는 상상하지 못한다. 삶의 의미를 찾기 시작하면 그때는 이미 몸에 힘이 빠지기 시작한 시기일 것이다. 이제 나의 의미와 인생의 황금 연못을 찾아보고자 할 때는 이미 혼자 거리를 다닐 수 없는 시기에 도달한 다음이다.

하지만 이것은 젊은 몸 중심의 생각이다. 우리는 몸으로만 이루어지지 않았다. 몸과 영이 함께 있으며, 둘은 서로 분리되지 않는다. 다른 말로 하면, 우리는 몸이 함께하는 영이며, 영적인 몸을 가지고 있다. 영혼 때문에 우리가 몸으로 살고, 몸을 사랑하고, 몸을 생각할 수 있듯이, 몸 때문에 영혼이 풍성해지고 에너지를 얻는다.

인간의 발달은 몸의 발달과 쇠퇴에 한정되지 않는다. 나이가 들수록 풍성해지는 지혜, 진리를 찾아내는 능력은 실상 몸의 지배가 영의 지배에 자리를 내어 주는 과정이라고 할 것이다. 몸의 쇠약을 통해 우리는 하나님과 더 깊은 교제를 경험한다.

죽어 가는 과정을 '소멸'이라고 할 때 소멸이라는 힘에 아무리 저항을 해봐도 이미 승부는 정해져 있다. 그때 바로 그 순간에 그리스도인들은 우리의 무모한 저항을 선한 방향으로 바꾸는 능력을 배워 왔다. 생의 마지막 단계에서 유익할 것이 없는 상실과 우리 존재의 가장 깊은 곳에 영향을 미치는 나약함을 경험하고 이를 고백한다.

그러나 하나님의 길은 나약함의 길이다. 헨리 나우웬은 하나님의 길은 나약함의 길이며, 하나님의 이런 상처받기 쉬운 특성이 그리스도를 믿는 모든 이에게는 희망이고 궁극적 열매가 된다고 말했다.

기독교의 역설은 무엇인가? 칼 바르트의 말처럼 "높이에서 깊이로, 승리에서 패배로, 삶에서 죽음으로" 향하는 여정이다. 그 내려가는 길 위에서 하나님은 자신의 영광을 드러내신다.

3. 깊은 영성의 시작, 감각의 새로운 발견

흔히 노년기의 일상은 통증으로 가득 차 있다고 생각하기 쉽다. 어쩌면 맞을 수도 있다. 그러나 그 통증 때문에 젊은 세대가 볼 수 없었던 것을 보기 시작한다. 그 통증 때문에 느려진 걸음으로 볼 수 있는 것들이 있다. 할아버지와 할머니는 손자와 손녀가 다 사랑스럽다. 자세히 볼 수 있고 오래 보면서 거기서 아름다운 가치를 발견하기 때문이다. 시인 나태주 씨가 쓴 "풀꽃"이라는 시를 소개하겠다.

"자세히 보아야 예쁘다

오래 보아야 사랑스럽다

너도 그렇다."

　아이들에게는 어른들이 갖지 못한 작은 모공이 있고, 피부의 움직임이나 냄새도 다르다. 가까이서 오래 본 자만이 경험할 수 있는 아름다움이다. 노년기에는 팔다리가 아파서 아이들을 볼 때도 느리게 움직이면서 더 자세히 볼 수 있다. 시간적 여유가 있어서 자세히 보면 더욱 예쁘고, 더욱 사랑스럽다. 세상에 절대미는 없다. 언제나 내가 자주 본 사람이, 언제나 나와 닮은 사람이, 언제나 내 주변에 가장 가까이 있는 사람이 아름답다고 느낀다.

　다음의 심리학 실험은 흥미롭다. 자신의 얼굴을 찍은 사진에서 눈과 코와 입을 오려서 다른 얼굴형과 다른 머리 스타일을 찍은 사진 위에 붙여 놓았다. 이 사진을 다른 아홉 명의 얼굴을 찍은 사진들과 함께 총 열 장을 세워 놓고, 그중에서 가장 예쁜 사람을 찾으라고 요구했다. 실험 결과, 열 명 모두 자기 자신을 골랐다고 한다. 오래 보았기 때문에 자기 눈이 익숙하고, 자기 코가, 자기 입이, 자기 눈빛이 익숙한 것이다. 나이가 들면서 생애 처음으로 다른 사람을 오래 볼 기회를 얻게 된다.

　어쩌면 노년기가 되면서 우리의 모든 감각이 오히려 깨어난다고 볼 수 있지 않을까? 눈은 감기지만 마음으로 보고, 남들이 볼 수 없는 것을 보는 시기가 노년기다. 이제 우리의 손은 무뎌지고, 발은 더뎌진다. 이렇게 무뎌진 손과 더딘 발을 가지고 무엇을 할 것인가? 젊었을 때는 별을 보고, 중년에는 돈을 세고, 이제 노년에는 추억을 셀 것이다. 추억은 과거의 부스러기가 아니다. 우리가 알고 있는 지난 과거에 대한 잔재가 아니라 오히려 내가 이전에 보지 못했던 것에 대한 새로운 장이 열리는 것이다.

어쩌면 젊었을 때는 건강한 눈과 강한 손과 발로 내 몸에 집중하고, 나 자신을 누리며, 내 청춘과 아름다움을 즐겼다면, 이제 노년기에는 다른 세상을 경험할 수 있다. 이제 만물을 느끼고, 만물이 생성되고, 그 만물이 하나님의 섭리 속에 있다는 것을 느낄 수 있다.

필자가 좋아하는 찬송가가 있는데, "주 안에 있는 나에게"라는 새찬송가 370장이다. 그중에서도 2절이 참 좋다. 노년기의 변화와 축복을 이야기할 때 이 찬송 가사가 많은 것을 시사해 준다.

"그 두려움이 변하여 내 기도 되었고 / 전날의 한숨 변하여 내 노래 되었네."

나사로 이야기를 하면 지옥에 대한 두려움이 생긴다. 노년기에 다다르면서 우리는 이미 인생의 지옥을 경험했다. 다툼의 자리가 지옥이고, 전쟁의 자리가 지옥이며, 서로 간의 관계가 깨어지는 자리가 지옥이다. 우리는 흔히 '생지옥'이라고 부른다. 살면서 지옥을 보는 것이다.

성경에는 의외로 '지옥'이라는 단어가 별로 나오지 않는다. 반면 '천국'은 많이 나온다. 사복음서에는 천국에 대한 비유가 유독 많다. 천국은 겨자씨와 같고, 밭에 숨긴 보화와 같다. 이처럼 성경에는 천국에 관한 비유가 많은데, 우리는 왜 지옥에 연연할까? 왜 지옥을 두려워하고, 요한계시록만 보면 손을 덜덜 떨게 될까? 바로 우리의 두려움 때문이다.

우리의 두려움은 지옥에 대해서 더 심각하게 느끼게 한다. 어쩌면 통증으로 인해 어떤 사람은 노년기를 더 두렵고 무섭게 느낄 수도 있다. 그런데 조금 다르게 보면 노년들은 일상을 훨씬 더 풍요롭고 즐겁게 살고 있다. 어르신들은 밭에서 나오는 풀 한 포기를 보고도 매우 즐거워한다. 만물이 생성되는 기쁨을 아는 것이다. 이것이 바로 천국을 경험하는 것이 아닐까? 이것이야말로 우리가 막연한 두려움 때문에 거부하고자 하는 노년이 아니라 진정한 노년의 축복이다.

잘 생각해 보면 우리는 불필요한 것에 너무 많은 감각을 주고, 정작 우리 앞에 펼쳐진 수많은 것에 대해서는 무감각해져 있다. 이제 우리는 하나님의 바람이 있다는 사실을 알았다. 손과 발을 들어서 그 사이로 하나님의 바람이 통과하는 것을 느껴야 한다. 그 순간이 되면 찬양의 가사처럼 두려움이 변하여 내 기도가 되고, 전날의 한숨이 변하여 내 노래가 된다. 그때서야 우리는 후렴구로 찬양하며 고백할 수 있다.

"주님을 찬송하면서 할렐루야 할렐루야 / 내 앞길 멀고 험해도 나 주님만 따라가리."

손가락을 들어 내가 가진 것을 세어 보자. 마음에 들지 않는 남편일 수도 있고, 속 썩이는 아들일 수도 있고, 결혼하지 않고 딱 붙어 사는 자식일 수도 있다. 손가락으로 세어 본 것이 바로 밭에 숨겨 둔 보물이다. 어쩌면 자신이 갖지 못한 것에 연연하는 삶이 아니라 가진 것을 발견하고 감사하는 자리가 행복의 자리가 될 것이다. 또한 그 자리가 바로 천국이고, 노년기 영성의 자리다.

우리가 가지고 있는 수많은 것 중에서 하나님이 우리에게 주신 가장 값진 것은 하나님을 알게 하신 것이다. 그 순간이 바로 통찰의 순간이다. 하나님은 우리를 손과 발로 하나님을 느끼게 만드셨다. 그 순간이 영성의 순간이기도 하다.

 나이 듦과 함께 깊은 영성을 소유하기 위한 TIP 3

1. 노년기에는 쇠약해진 몸을 통해 오히려 하나님과 더 깊은 교제를 경험할 수 있다.
2. 통증 때문에 느려진 걸음으로 그전에는 미처 보지 못했던 장면들을 볼 수 있다. 생애 처음으로 다른 사람을 오래 볼 기회를 얻게 된다.
3. 젊었을 때는 별을 보고, 중년에는 돈을 세고, 노년에는 추억을 센다.
4. 손가락을 들어 가진 것을 세어 보라. 하나님이 우리에게 주신 가장 값진 선물은 하나님을 알게 하신 것이다.

4장
노년기 영성, 어떻게 누리며 살 것인가?

1. 하나님의 꿈, 무한한 창조성과 가능성을 열어 가는 노년기의 열쇠

노년기를 누리고 살았던 일본 여성 중에 구로다 나쓰코라는 유명한 사람이 있다. 구로다 나쓰코는 75세가 되던 해에 와세다 대학교에서 주는 문학상 중에 신인문학상을 수상했다. 그 상은 대부분 20대와 30대 청년 작가들이 휩쓰는 것이 오랜 전통이었다. 그녀는 『AB산고』라는 작품으로 이 상을 타면서 일본 전역을 들썩들썩하게 만들었다. 노년에 젊은이 못지않은 창조성을 자랑하면서 작가로서 첫 출발을 한 것이다.

다음으로 소개하고 싶은 사람은 시바타 도요다. 그녀는 98세에 첫 번째 시집인 『약해지지 마』(지식여행, 2010)를 발간했다. 이 시집은 일본에서 100만 부 판매를 돌파할 정도로 큰 인기를 끌었다. 과연 우리는 98세에 펜을 들고 무엇인가 창조적인 작업을 할 수 있을까?

우리나라에도 이런 사례가 있다. 황금찬이라는 시인으로 피천득 선생님과 같이 문학 활동을 하셨던 분인데, 2013년 90세에 36번째 시집인 『고향의 소나무』(시학)를 발간했다. 참으로 대단한 일이다. 창작 활동을 쉬지 않고 90세가 될 때까지 꾸준히 했다는 사실 자체가 노년기에 대한 새로운 시각을 우리에게 열어 준다.

또한 커넬 샌더스라는 이름을 들어 본 적이 있는가? 전 세계적으로 유명한 치킨 가게 앞에 서 있는, 하얀 양복을 입고 안경을 쓴 할아버지 인형이 떠오를 것이다. 커넬 샌더스는 창업계의 전설로 불린다. 군에 있었다가 은퇴하고 65세에 창업을 했다. 창업을 할 때 수중에 약 10만 원 정도 있었다고 한다. 그 적은 돈을 들고 통닭을 튀기는 레시피를 개발했다. 구슬도 꿰어야 보배가 되듯 누군가가 그의 요리법을 받아 주고 가게에서 써 주어야 했는데, 그가 찾아간 모든 가게에서 거절했다. 나이 들고, 알지도 못하는 새로운 레시피를 들고 온 그를 받아 줄 리가 없었다. 1,008회나 거절당했다고 한다. 그러다 1,009회째 한 통닭 가게에서 그의 레시피를 받아 주었다. 거기서부터 시작된 그의 사업은 현재 전 세계에 1만 3,000여 개의 매장을 가지고 있다.

사람들은 흔히 "노인들은 창조성이 없어!"라고 말하고, '구닥다리'라는 표현을 쓴다. 노인들은 옛날 이야기만 끊임없이 해댄다고 생각한다. 하지만 정작 앞서 이야기한 사람들은 노년기의 창조성이 무엇인지를 잘 보여 주었다. 창조성을 눈으로 보고 실제 물건과 작품으로 만들어서 세상 사람들과 함께 영위하고 나눈 사람들이다. 세상을 놀라게 하고 감동을 준 사람들 중에 노인들이 많다. 늘 뒤처져 있고, 늘 구닥다리인 데다, 늘 구태의연하다고 생각했던 노인들이 실제로는 늘 새로웠고, 늘 창조적이었던 것이다.

하나님은 인간을 하나님의 품성을 닮아 창조적으로 만드셨다. 우리는 이것을 '이마고 데이'(Imago Dei), 즉 '하나님의 형상을 닮았다'라고 표현한다. 우리가 가지고 있는 품성 중에서도 창조성이 하나님의 품성과 가장 닮은 듯싶다.

그렇게 하나님을 닮은 인간의 품성은 중년기에 끝나는 것일까? 그렇지 않다. 비록 나이가 들지라도 그 안에 있는 하나님의 형상은 결코 늙지 않는다. 우리가 그것들을 어떻게 끄집어 낼 수 있느냐가 관건일 뿐이다.

어떻게 용기를 내서 창조성을 끌어낼까? 바로 그 선택이 노년기의 삶을 다르게 만든다. 어떤 사람은 작품을 만들어 작가가 되고, 어떤 사람은 마음에만 품은 채 늙어 간다.

노년기의 모습을 상상했을 때 기대가 된다면 참으로 희망적이다. 기대한다는 것은 실현으로 나아가는 과정을 의미한다. 아브라함은 "하늘의 허다한 별과 또 해변의 무수한 모래와 같이 많은 후손이 생육하리라"라고 말씀하신 하나님의 언약을 믿고 기대했고, 그 말씀은 마침내 이루어졌다(히 11:12).

삶이 힘들었던 노인들은 자기 나름의 방식으로 희망에 한계를 긋는다. 그들은 살면서 현실적으로 가능한 것에만 희망을 둔다. 즉 헛된 꿈은 꾸지 않는다. 이런 과정에는 여러 번에 걸친 기대와 잇따른 절망과 포기 과정이 반복되었을 것이다. 그러나 상상이야말로 우리가 미래를 꿈꿀 수 있는 몇 안 되는 방법이다. 노년기에 하나님이 나를 위해 행하실 일들을 기대한다면 새로운 미래를 만날 수 있다.

구로다 나쓰코, 시바타 도요, 황금찬, 커널 샌더스의 이야기는 남의 이야기가 아니다. 노년기에 갖고 있는 창조성을 증명해 준 사람들이다. 그들만이 특별한 것이 아니라 그 누구든 창조성과 가능성을 경험할 수 있다. 우리에게는 하나님이 주시는 꿈과 희망이 있다. 그것이 노년기에 무한한 창조성과 가능성을 열어 가는 열쇠가 될 것이다.

2. 하나님의 바람이 불 때 돛을 달고 누리라

하나님의 바람은 창조의 모습으로 전 생애를 통과하며 한결같이 불어 왔다. 그런데 우리는 하나님의 바람을 창조성으로 만나기보다 오히려 피해 왔던 것 같다.

성경에 천국은 많이 언급되고 지옥에 대한 기록은 적다. 그런데 왜 우리는 지옥을 더 크게 느낄까? 일상의 행복이 큰데도 고통스럽고 아팠던 어린 시절의 기억을 더 끌어 올리는 이유는 무엇일까? 우리는 돌이킬 수 없는 과거에 더 연연하고, 내가 만들어 갈 수 있는 일들에는 비중을 두지 않기 때문이다.

나이가 들면서 수치심과 죄책감이 더 크게 느껴진다. 노인들 중에는 과거 두렵고 고통스런 기억들 때문에 기억하는 것 자체를 거부하는 사람들이 있다. 노년에도 풀리지 않은 고통의 사슬들은 행복한 기억들까지 잡아먹는다. 과거를 바라보는 방식이 우리가 현재를 사는 데 지대한 영향을 미친다는 점은 주지의 사실이다.

기억은 현재를 풍성하게 하고 치유하는 힘을 가진다. 추억은 안락과 화평의 봉인된 저장고다. 꼭 닫힌 저장고의 봉인을 여는 방법은 바로 추억과 기억이며, 그 추억과 기억을 기도로 표현하는 것이다. 돌아보면 아찔한 위기의 순간이 많았다. 그 순간 경험한 은혜, 그 복을 세어 보라. 일부러 시간을 내야 간신히 생각나는 기억일 수도 있다. 그러나 고통의 기억은 항상 기쁨의 기억을 앞지르고, 비극은 더 오래 마음에 남는다.

은총의 황홀함을 기억하기 어려운 순간들도 있다. 고통의 순간을 다시 느끼고 생각해 보는 것도 치유의 시작이다. 기억만으로 우리는 과거로 돌아가고, 그 과거에 참여하는 의식만으로도 치유는 일어난다.

다음과 같은 70대 노인의 경험은 우리에게 노년의 기억과 누림에 대해 한 줄기 빛을 선사한다.

"좋은 일들도 있었는데, 저는 대부분 안 좋은 일들이 떠올라요. 실패했던 순간을 생각하면 우울해져요. 조금만 화가 나면 남편이 잘못한 일들이 40년 전 것부터 순서도 안 틀리고 다 나왔어요. 어색하기는 해도 이렇게 기회를 만들어 남편이 제게 좋은 말을 해주던 시절로 되돌아가 보니 그것도 좋아요. 지금 다시 제게 그런 말을 해주는 것 같더라고요. 사랑받고 있다는 느낌이 들어요."

한 장면도 좋고 여러 장면도 좋다. 그 장면마다 임했던 하나님의 은총과 임재를 경험하자. 마음을 열고 맞아 보자. 우리의 일상은 마치 벽지와 같다. 벽지는 단지 일상적인 것이라서 누구도 신경 쓰지 않는다. 벽지에 모기가 앉으면 벽지는 보이지 않고 모기만 보인다. 어쩌면 우리 가족의 일상이 벽지 같고, 우리가 느끼는 기쁨도 단지 벽지 같을지 모른다. 모기는 우리 삶의 수치심이나 슬픔, 고통과 같은 것이다. 그래서 벽지에서 모기만 보이듯 과거에서 수치심과 고통만이 도드라지게 느껴지는 것이다.

우리는 새로운 선택을 해야 할 시점에 다다랐다. 일상에 소소한 즐거움들이 굉장히 많았다는 사실을 기억해야 한다. 그래서 이제는 즐겨야 한다. 힘들고 수치스러웠던 기억은 대단히 고통스럽고 아팠지만, 이제 그 기억은 나만의 특별한 경험이므로 다른 사람에게는 좋은 울림이 될 수 있다는 사실을 깨달아야 한다. 숱한 수치심과 죄책감이 아니라 나머지 소소한 일상들이 노년기의 삶을 봄비처럼 촉촉하게 적셔 줄 것이다. 이것을 '누린다'라고 이야기한다.

정말 '누리는 삶'이란 무엇인가? 사소한 일상의 조각들로 퍼즐을 맞춘다고 생각하면 어떨까? 그 퍼즐 조각이 노년기의 색깔이 될 것이고, 노년기의 그림이 될 것이다. 그 퍼즐 조각은 퍼즐을 통해 더 큰 그림을 맞춰 가는 시작점이 될 것이다.

그때나 지금이나 하나님의 바람은 여전히 불어오고 있다. 그러면 돛을 언제 달 것인가? 돛을 달 것인가, 말 것인가? 그것은 바로 우리의 선택에 달려 있다. 노년기가 바로 하나님의 바람이 불어올 때 돛을 다는 가장 적절한 시기라고 생각한다.

그렇다고 노년기가 마냥 즐거운 것만은 아니다. 노년기는 슬프고 아프다. 노년기에 수술을 한다고 해도 눈은 여전히 안 보이고, 걸음걸이는 여전히 더디다. 갑자기 하나님의 은혜를 느끼고, 내 안에서 하나님의 모습이 느껴진다고 해서 삶이 확 달라지는 것은 아니다. 우리의 일상은 계속될 것이다. 우리의 어제와 오늘은 어쩌면 달라지지 않고 그대로 있을지 모른다.

다만, 하나님이 우리에게 주신 노년기의 영성을 기억하자. 그것은 인생을 해석하는 힘이다. 그 힘에 하나님의 은혜가 들어가, 삶이 은혜에 촉촉이 젖어 있는 상황을 영성이 충만하다고 말한다.

영성에 대한 다양한 말에는 두 가지 분명한 사실이 내포되어 있다. 하나는 하나님은 우리가 태어날 때 그 숨결 그대로 노년기까지 하나님의 바람을 불어 주신다는 것이다. 또 하나는 그렇게 불어 주신 바람을 발견하고, 느끼고, 누리는 것은 결국 자신의 선택이라는 것이다. 우리가 하나님이 계속 두드리셨던 문을 열어 드려야 하나님이 들어오실 수 있다. 오시는 하나님의 은혜가 있어야 필자가 좋아하는 새찬송가 370장 2절 가사가 삶의 고백이 될 수 있다.

"그 두려움이 변하여 내 기도 되었고 / 전날의 한숨 변하여 내 노래 되었네 / 주님을 찬송하면서 할렐루야 할렐루야 / 내 앞길 멀고 험해도 나 주님만 따라가리."

노년기의 진정한 누림의 영성은 겁이 난 순간 기도하면서 힘을 얻었던 때가 떠오르는 것이다. 모든 인생의 장면 속에 하나님이 함께하시는 은혜를 경험할 수 있다.

그러나 좋은 기억이나 누림도 연습이 필요하다. 과거 사건들이 갖는 신앙적 의미를 해석하고 평가하는 데는 시간이 걸리기 마련이다. 인생의 신비로움을 천천히, 그러나 꾸준히 묵상하면서 여명처럼 터 오는 하나님의 빛의 은혜를 밝게 보게 된다. 그런 추억들로 우리는 하나님이 우리를 사랑하신다는 것을 경험하게 된다. 과거에서 가지는 사랑과 힘이 현재의 풍요로움으로 나타나고, 이제 곧 현재는 미래에 새로운 창조적인 방식으로 나타나게 될 것이다. 이것이 진정한 '누림'으로 가는 길을 열어 줄 것이다.

3. 죽음을 넘어선 희망, 부활의 영성

노년기에는 고통을 통해 또 다른 의미의 새로운 세상을 보게 된다. 노년기의 통증은 통찰과 통합의 가능성으로 다가온다. 그리스도인의 고통은 다른 사람들의 고통과 다르다. 세계관이 달라진다. 마치 천동설에서 지동설로 세계관이 변화해 가는 것과 같다. 태양이 도는 것이 아니라 지구가 돈다는 사실을 아는 것이 중요하다. 사실은 달라지지 않는다. 그러나 우리의 새로운 해석은 우리를 완전히 다른 사람으로 만든다.

노년기가 되어도 현실은 달라지지 않을지 모른다. 여전히 돈이 부족할 것이고, 여전히 우리의 무릎은 아플 것이다. 그러나 꽃 한 송이를 바라보는 해석이 달라질 것이다. 꽃 한 송이의 아름다움이 하나님이 주신 선물이라는 고백이 나온다. 그것을 발견하고 함께 나누는 것이 바로 노년기에 가져야 할 영성의 모습이 아닐까? 노년기에는 사물과 세상에 대해서 통찰과 통합이 생기는 것은 물론, 미래와 죽음에 대한 시야가 넓어진다. 그 시야의 지평이 하나님께로 이어지는 것이다.

누구나 미래가 궁금하다. 어떤 사람은 환상을 본다고 하고, 어떤 사람은 예언을 한다고 한다. 미래에 대한 불안 때문에 점집으로 발걸음을 옮기는 이도 있다. 동화마다 미래를 보는 구슬이 등장하는 것도 인간의 욕망 때문일 것이다. 특히 생의 막바지에 다다르게 되면 두려움 때문에 미래를 훔쳐보고 싶어진다.

이런 불안과 두려움의 상황에 하나님이 찾아오신다. 하나님과의 관계는 우리의 인생 경험을 바꾸어 놓는다. 우리 존재의 근원이시고 우리의 삶을 주장하시는 하나님을 믿고 의지하다가 문득 배신감에 휩싸이게 된다. 우리는 하나님께 묻는다. "왜 노년에 고통과 상실을 경험하게 하십니까? 인간에게 너무 가혹하신 것 아닙니까?"

상실 중 가장 큰 고통은 죽음이다. 젊은 사람들이 생각하는 것과 달리 노인들은 죽음 자체를 두려워하는 경우는 많지 않다. 노인이 죽음이 두려워 벌벌 떨고 있다고 생각한다면 그것은 오해일 것이다. 노인들이 두려워하는 것은 죽음 자체라기보다는 죽음이 오기 전에 겪는 일들이다. 질병과 통증, 신체 부자유, 의식 혼미, 그리고 치매 등을 두려워하는 것이다.

하지만 그리스도인들에게 포기나 절망은 어색한 일이다. 질병 때문에 하나님에게서 멀어지는 것이 아니라 하나님께 더 가까이 다가가게 된다. 기름 부음과 성만찬을 통해 고통이 곧 그리스도의 죽음과 부활의 신비에 참여하는 것임을 알게 된다. 노인들의 죽음에 대한 태도를 연구한 결과에서도 이 사실을 알 수 있다.

일본의 소피아 대학교 교수인 알폰스 덴켄은 죽음 철학자로 알려져 있다. 그는 『행복한 죽음』에서 신앙인이 어떻게 죽음의 순간을 경험하는지 면밀히 관찰한 후 놀라운 사실을 발견했다. 그들은 죽음을 수동적으로만 인식하는 것이 아니라 천국에 대한 소망과 기대감을 가지고 당당히 받아들이고 있었다. 소풍을 떠나는 전날의 기대처럼 말이다.

"삶을 원하거든 죽음을 준비하라"라는 말이 있다. 인간답게 죽는 것은 인간답게 사는 것이다. 죽음을 기억하라는 '메멘토 모리'(memento mori)라는 말은 곧 죽을 자들을 위한 것이 아니다. 건강하고 행복한 현재와 의미 있는 미래를 위한 삶의 노래다. 죽음이 소멸이 아니라 존재의 형태가 변하는 것이라면 육체의 죽음은 삶의 마지막일 수 없다. 만일 죽음이 최종적인 실재라면 모든 것이 무의미하며, 좌절과 허무에서 벗어날 수 없을 것이다. 그리스도인들에게 죽음은 끝이 아니라 해석의 대상이다. 그리스도인들에게 죽음은 장생불사(長生不死)가 아니라 부활로 경험되기 때문이다.

새로운 경험을 한다는 것은 과거를 끌어안고 새 삶으로 들어간다는 것을 의미한다. 그리고 그리스도인들은 그리스도와 연합하고 그분을 삶에 새기며 날마다 새로워진다. 이는 신학적으로는, 날마다 새 영과 새 마음이 약속된 미래에 참여하는 것이다.

나이가 들어간다는 것은 언제나 사실이고 현실이다. 그리스도인들에게 노화라는 죽어 가는 과정은 신앙 속에서 예수님의 부활을 통해 죽음을 부정하는 힘을 갖게 한다. 감퇴와 축소의 과정에서 벗어나 전적으로 새로운 가능성의 역사를 쓰게 한다. 이것은 우리가 그리스도와 하나 될 때 갖게 되는 희망이다. 그리스도와 제자들은 하나 되었기에 그리스도께서는 그들과 더불어 죽음 너머의 영광을 함께하셨다.

시들어 가는 몸속에서 우리는 하나님을 발견한다. 마치 수증기처럼 우리는 세상 속에 들어가게 되며, 세상도 우리 속에 들어오게 된다. 속성을 달리할 때 다른 모든 것과 연결되고, 더불어 풍성해진다. 죽음은 하나님의 연합의 신비 앞에 영원성을 갖게 된다. 죽음은 부활이고, 곧 역설이다.

예수님의 부활과 더불어 그리스도인들은 성령이라는 선물을 받았다. 앞으로의 부활을 미리 경험하고 삶 속에서 경험하는 원천이 성령이시다. 성령은 진리를 보여 주시고 삶의 자유를 제공해 주신다. 하나님의 사랑은 지속적이고 일관성이 있다. 예수님이 죽음의 두려움을 이기셨을 때 부활의 약속을 지키셨듯이 우리는 성령을 통해 그 약속을 인증받는다. 죽음과 시간은 늘 인간의 한계를 알려 준다. 그리고 성령은 이러한 한계 너머에 있는 자유와 선물을 미리 체험하게 하신다.

노인들은 우리 인생이 태어나고 죽는 것의 연속이라는 사실을 자연의 조화를 지켜보며 알게 된 이들이다. 그들은 눈으로 보고, 귀로 듣고, 손으로 만지며 삶과 죽음을 경험했다. 부활의 방식이 어떤 것이든 부활이 새 생명의 선물을 담보로 하고 있다는 것 역시 잘 알고 있다. 여명은 칠흑 같은 어둠 뒤라 더 신비롭다.

  인간은 태어나면서 잠재적 노인이다. 노인들은 전 생애 속에서 하나님의 기적을 경험한 이야기꾼들이다. 본 것을 전하고, 들은 것을 말하며, 만진 것을 그려 내는 창조자들이다. 그리고 그들은 약함 속에 숨은 강인함을 느끼고, 인내 끝에 오는 빛을 보고, 고통 속에서 강해지는 사랑을 체험한다. 이는 성탄절의 기적이며, 부활의 기적이다. 이것이 인간의 희망이며, 노년에 주시는 하나님의 은혜다.

> **나이 듦과 함께 깊은 영성을 소유하기 위한 TIP 4**
>
> 1. 노년기에도 하나님이 주시는 꿈과 희망이 있다. 하나님이 주신 창조성을 발현하라.
> 2. 기억은 현재를 풍성하게 하고 치유하는 힘을 가지고 있다. 기억을 꺼내 누리라.
> 3. 노년기의 영성이란 인생을 해석하는 힘이다. 노년기가 되어도 현실은 달라지지 않을지 모른다. 하지만 꽃 한 송이를 바라보는 해석이 달라진다.
> 4. 노인들이 두려워하는 것은 죽음 자체보다는 죽음이 오기 전에 겪는 일들이다. 그러나 그리스도인에게 죽음은 부활의 소망이다.

■ 특별 부록 _CTS 특별 기획 다큐멘터리

〈끝나지 않은 사랑의 기적, 장기려〉
세상에 널리 빛을 발하다

대한민국 의사들이 가장 존경하는 명의 중 1위이자 '한국의 슈바이처'로 불리는 장기려 박사(1911-1995)는 우리나라 최초로 간 부분 절제술을 실시, 1959년에는 대량 간 절제술을 성공시켜 한국 간 외과학의 실질적인 창시자로 평가받는 당대 최고의 명의였다. 또한 그는 국내 최초의 의료보험조합인 '청십자의료보험'을 설립해 전 국민 의료보험이 확대될 때까지 20만 명의 영세민들에게 의료 수혜를 받게 한 장본인이었다. 그러나 자신을 위해서는 집 한 칸 마련하지 않고 병원 옥탑방에서 지내며 뇌경색으로 반신이 마비될 때까지 소외되고 가난한 사람들을 위해 의술을 펼쳤다.

이처럼 수많은 업적과 선행에 비해 일반인들에게 뚜렷이 각인되지 않은 장기려 박사를 재조명하기 위해 CTS는 방송통신위원회의 지원을 받아 2015년 12월, CTS 기독교 TV 창사 20주년과 장기려 박사 추모 20주년 기념으로 CTS 특별 기획 다큐멘터리 〈끝나지 않은 사랑의 기적, 장기려〉를 기획, 제작했다.

〈끝나지 않은 사랑의 기적, 장기려〉에는 서울에서 부산까지 약 100여 명으로부터 들은 장기려 박사에 대한 심층 인터뷰, 현장 취재를 바탕으로 심도 깊은 접근과 최초로 공개되는 이야기들을 담았다. 뿐만 아니라 페루 아마존, 몽골, 베트남 등 해외 로케이션을 통해 장기려 박사의 후예들이 그 사랑을 이어받아

평양에서 무의촌 진료
(왼쪽 런닝셔츠 장기려 박사)

라몬 막사이사이상을 수상한
장기려 박사

〈끝나지 않은 사랑의 기적, 장기려〉
제50회 휴스턴 국제 영화제
다큐멘터리 부문 대상

열매를 맺고 있는 현장까지 취재했으며, 드라마 타이즈, 애니메이션 등 다양한 장르를 넘나드는 영화적 형식으로 그의 인생을 사실감 있게 구현했다. 또한 사랑의 대명사로 불리는 탤런트 정애리 씨, 크리스천 연기파 배우 정선일 씨와 최선자 씨 등 초호화 캐스팅을 통해 내용의 입체감뿐 아니라 대중적 흥미를 선사했다.

이러한 작품성을 인정받아 2016년 2월 방송통신심의위원회에서 '이달의 프로그램상'을 수상했고, 2016년 5월, 제13회 서울국제사랑영화제의 '미션 초이스' 부문에 초청받아 영화관에서 상영되기도 했다. 2016년 12월에는 제8회 한국기독언론대상 선교 부문 우수상을 수상했다.

2017년 5월, 샌프란시스코영화제, 뉴욕영화제와 함께 미국에서 정통성을 인정받는 영화제 겸 TV 국제상인 제50회 휴스턴국제영화제에서 다큐멘터리 부문 영예의 대상을 수상했다. 이는 종교 방송 역사상 이례적인 사례로, CTS의 콘텐츠를 널리 알리고 그 공로를 인정받는 특별한 계기가 되었다.

제작진

기획 백승국 | **연출** 정재구 | **조연출** 이가연 | **작가** 임지연, 정란진 | **카메라** 손무열

사명선언문

너희가 흠이 없고 순전하여……세상에서 그들 가운데 빛들로
나타내며 생명의 말씀을 밝혀 _ 빌 2:15-16

1. 생명을 담겠습니다
만드는 책에 주님 주신 생명을 담겠습니다.
그 책으로 복음을 선포하겠습니다.

2. 말씀을 밝히겠습니다
생명의 근본은 말씀입니다.
말씀을 밝혀 성도와 교회의 성장을 돕겠습니다.

3. 빛이 되겠습니다
시대와 영혼의 어두움을 밝혀 주님 앞으로 이끄는
빛이 되는 책을 만들겠습니다.

4. 순전히 행하겠습니다
책을 만들고 전하는 일과 경영하는 일에 부끄러움이 없는
정직함으로 행하겠습니다.

5. 끝까지 전파하겠습니다
모든 사람에게, 땅 끝까지, 주님 오시는 그날까지
복음을 전하는 사명을 다하겠습니다.

서점 안내

광화문점 서울시 종로구 새문안로 69 구세군회관 1층
02)737-2288(T) 02)737-4623(F)

강남점 서울시 서초구 신반포로 177 반포쇼핑타운 3동 2층
02)595-1211(T) 02)595-3549(F)

구로점 서울시 구로구 시흥대로 577 3층
02)858-8744(T) 02)838-0653(F)

노원점 서울시 노원구 동일로 1366 삼봉빌딩 지하 1층
02)938-7979(T) 02)3391-6169(F)

분당점 경기도 성남시 분당구 황새울로 315 대현빌딩 3층
031)707-5566(T) 031)707-4999(F)

일산점 경기도 고양시 일산서구 중앙로 1391 레이크타운 지하 1층
031)916-8787(T) 031)916-8788(F)

의정부점 경기도 의정부시 청사로47번길 12 성산타워 3층
031)845-0600(T) 031) 852-6930(F)

인터넷서점 www.lifebook.co.kr